给孩子的全科启蒙路线图

翊薇 著

中国妇女出版社

图书在版编目（CIP）数据

给孩子的全科启蒙路线图 / 翊薇著. -- 北京 : 中国妇女出版社，2023.1
ISBN 978-7-5127-2171-5

Ⅰ.①给… Ⅱ.①翊… Ⅲ.①学前教育－教学参考资料 Ⅳ.①G613

中国版本图书馆CIP数据核字（2022）第185050号

策划编辑：闫丽春
责任编辑：闫丽春
封面设计：末末美书
责任印制：李志国

出版发行：中国妇女出版社
地　　址：北京市东城区史家胡同甲24号　　邮政编码：100010
电　　话：（010）65133160（发行部）　　65133161（邮购）
网　　址：www.womenbooks.cn
邮　　箱：zgfncbs@womenbooks.cn
法律顾问：北京市道可特律师事务所
经　　销：各地新华书店
印　　刷：北京中科印刷有限公司

开　　本：165mm×235mm　1/16
印　　张：14.75
字　　数：140千字
版　　次：2023年1月第1版　　2023年1月第1次印刷
定　　价：68.00元

如有印装错误，请与发行部联系

序

到本书出版的时候，女儿芊已经上初中了。我曾经在教育上走过很多弯路，但通过钻研育儿书，研究十余年西方教育体制中先进的理念和方法来补充理论知识，并常常带着女儿进行实践。

本书中的方法，不只停留于理论，更是在日常生活中可以真正用起来的方法。在你给孩子读绘本的时候，在你陪孩子玩益智玩具的时候，在你和孩子一起做游戏的时候，在你给孩子进行学科启蒙的时候，这些方法也许都能派上用场。

回过头来看，这些方法让我们受益良多。

女儿的语文成绩一直在进步中，2022 年上半年老师特意对我说："（芊）语文作文在规定时间内写了 600 字，而且逻辑清晰，情感深刻，无一错字。"我想这得益于我们从 1 岁起就开始读绘本，到女儿上小学的时候，我们已经读了至少 5000 本绘本。

你可能想不到，如果家长都巧妙地引导孩子，读一本绘本给孩子带来的收益会有多大！

从小学到初中，女儿的学习成绩一直保持在班里中上水平，数学成绩优势更为突出，一直保持在班里前三名，逻辑思维能力很强。我想，这跟我在益智游戏——桌游和乐高中的引导有很大关系。

我一直对她的学习成绩比较"佛系"，我更看重的是学习之外的表现，尤其是她的综合思维能力。她的优势是观察力、创造力和自学能力，这都是她漫长人生中应该具有的核心竞争力。

2019 年，她自己注册了某音账号，在没有任何人帮助的情况下——因为我和她爸爸从来不看某音，更没有某音的App——她完全凭自学，在一年内把粉丝数从0做到了3万。后来因为学业忙没法继续维护内容，才暂时搁置了。

通过这件事，我感受到了她强大的自学能力和探索能力。我想，这和小时候对她潜移默化的引导有很大关系，因为我一直鼓励她仔细观察、细心比对，遇到问题分析因果逻辑，进行独立思考。

这些引导方法正是我从很多脑科学相关的书籍，以及国外幼儿园和小学老师的教案中不断提炼总结出来的，在这本书中我会将这些方法毫无保留地、系统地分享给你们。

你不用担心启蒙过程中需要具备很强的专业知识，这些方法都是操作性强但上手难度低的，我会巧妙地将知识“伪装”成游戏，尽量不受孩子排斥。相信，实践几次你也会举一反三。

我要提醒一句，千万不要把这些方法当成考试，把握好度很重要，要随时关注孩子的反应，如果孩子对你的引导表现出抵触，就不要再继续了。

毕竟，让孩子保持独立思考的意识，多进行试错和探索，比引导本身更珍贵。

希望看到这本书的家长们，不要走我走过的弯路，不以学习成绩作为衡量孩子是否优秀的唯一标准。家长的引导，目的是让孩子能够独立思考，拥有较强的逻辑分析能力和强烈的探索欲。也许有一天，孩子会在你意想不到的领域“野蛮生长”。

这个时代知识更新迭代太快了，想让孩子拥有在未来世界生存的底层思维能力，不要灌输知识，而要从小注重启蒙，培养思维，不要让我们的认知成为孩子成长的“天花板”。

芊 妈

2022 年 11 月

目录

开篇语

绘本阅读篇

乐高积木篇

第 5 章　拼搭中提升思维能力

第 6 章　最高级的思维是在搭建中解决问题

桌游篇

第 7 章　桌游——训练大脑工作记忆能力的最佳游戏

数学篇

英语篇

科学、手工和运动篇

开篇语

给孩子做启蒙规划，从高效的时间管理开始

如何平衡工作与家庭

作为一个职场妈妈，我的工作强度比较大，陪孩子的时间很少，以下是我每天的时间安排表。

表 1

周一至周五	周六	周日
6:00 ~ 19:00 工作时间	7:00 ~ 11:00 工作时间	7:00 ~ 18:00 工作时间
20:00 ~ 22:00 陪娃时间	12:00 ~ 22:00 陪娃时间	18:00 ~ 22:00 陪娃时间
22:00 ~ 23:00“充电”学习	22:00 ~ 23:00“充电”学习	22:00 ~ 23:00“充电”学习

表中绿色（阴影）部分就是我陪伴孩子的时间，一周中差不多每天有 2 小时。周一到周五我跟大多数家长一样，下班后晚上的时间用来陪孩子，周末一般有一个完整的半天陪伴。

看到这样的时间安排，很多人会问：“你是怎样平衡工作和家庭的？”

我的答案是：无法平衡，只能做出选择。与那些既能陪伴孩子，又

有自己事业的完美女性相比，我还是有差距的，我只是一个精力有限的普通人。

妈妈跟爸爸不一样的一点是，为了工作而努力的同时还伴有深深的负罪感。我在芊（我孩子的小名）2 岁的时候，工作开始忙起来，每天回家后身心俱疲，心里还特别内疚，觉得陪伴孩子的时间好少，不是一个称职的妈妈。那段时间我深深地焦虑过，导致跟芊爸的关系也到了冰点。

但是这些年我开始对自己宽容了一些，情况慢慢好转起来。我渐渐认识到，每个人都有自己的选择，而选择没有好坏与对错，只是有的选择要付出一定的代价。选择好了，就义无反顾地去做好接下来的事情，享受所有的好，更要承担所有的坏。

所以我想告诉大家的是，在工作和家庭两者之间，我选择的是前者——侧重于工作（不过比较幸运的一点是，我的工作内容就是孩子的教育，我陪娃的时候也是我在实践自己的工作内容）。

这样的选择在时间上意味着我无法再增加陪伴娃的时间，只能把重点放在提升陪伴质量上。

提升陪伴质量

所谓提升陪伴质量，就是提高单位时间的使用效率，充分利用好某段时间和孩子的互动，让孩子有所收获，而不是单单地看着孩子。

我选择的陪伴内容有两个，一个是游戏（幼儿园大班后以各学科的学习游戏为主），另一个是阅读。

以下是我给芊做的周一到周五的时间安排表。

表 2

	周一	周二	周三	周四	周五
17:00 ~ 18:00	写作业	写作业	写作业	写作业	写作业
18:00 ~ 19:00	ABCeggs 在线课程	尼尔森在线课程	ABCeggs 在线课程	尼尔森在线课程	ABCeggs 在线课程
20:00 ~ 20:15	英语阅读小书和英语阅读理解 1 篇	英语阅读小书和英语阅读理解 1 篇	英语阅读小书和英语阅读理解 1 篇	英语阅读小书和英语阅读理解 1 篇	英语阅读小书和英语阅读理解 1 篇
20:15 ~ 21:00	科学	科学	桌游或艺术（2 选 1）	科学	乐高机械课程
21:00 ~ 21:15	数学 / 思维 / 地理 / 写作 / 旅行	数学 / 思维 / 地理 / 写作 / 旅行	同上	数学 / 思维 / 地理 / 写作 / 旅行	同上
21:15 ~ 21:30	洗漱	洗漱	洗漱	洗漱	洗漱
21:30 ~ 22:00	睡前阅读	睡前阅读	睡前阅读	睡前阅读	睡前阅读

下面是周六、周日的时间安排表。

表 3

周六（周末遛娃）	周日（全天兴趣班）
9:00 ~ 11:00 乐高机械课或艺术活动（自选）	10:00 ~ 12:00 美术班
12:00 ~ 20:00 周末出行	14:00 ~ 16:00 乐高编程课
	16:00 ~ 17:00 搏击课
	17:00 ~ 18:00 烘焙课

看完以上两张表，大家可能会有以下几点疑问：

时间密度这么高，芊执行得了吗？

每天晚上 1 小时的学习时间，芊配合吗？

芊不需要写作业，妈妈不需要做饭吗？

时间分配关键小窍门

在具体给大家分享我的时间管理小窍门之前，先要说明几个前提：

①如果孩子还在上幼儿园，请务必珍惜他还没有作业的这段时间，合理安排晚上的时间段。

②对于已经上学的孩子，安排晚上时间的前提是，先解决好孩子写作业的问题。

③看家长侧重什么，如果侧重陪伴孩子，自然会想办法把时间分配好。

在以上这几个前提下，如果你看完上面的时间表仍感觉有些焦虑，不妨试试我的两个小窍门，也许陪伴孩子就不会感到吃力：

第 1 点：时间表主要用于梳理陪伴的内容，并非一定要严格遵守，具体执行时可有弹性。

第 2 点：对每天晚上安排的内容，坚持 do little，but often。

关于第 1 点：计划要有弹性，灵活变通

以下面这个时间安排表举例。

表 4

	周一
17:00 ~ 18:00	写作业
18:00 ~ 19:00	ABCeggs 在线课程
20:00 ~ 20:15	英语小书和阅读理解 1 篇
20:15 ~ 21:00	科学
21:00 ~ 21:15	数学 / 思维 / 地理 / 写作 / 旅行
21:15 ~ 21:30	洗漱
21:30 ~ 22:00	睡前阅读

可以看到，我到家后“接管”娃的这段时间，安排了两大块内容：学科学习 + 睡前阅读。

看英语小书和阅读理解是每天的固定项目，可以控制在 15 分钟内完成。能灵活调整的内容就在 20:15 ～ 21:15 这 1 个小时的时间。这段时间我安排了两个活动。

20:15 ～ 21:00 这 45 分钟时间，主要用于某段时间最侧重的学科（数学、英语等），可以是孩子最喜欢的，也可以是我最想让她学的。

另一个时间段共 15 分钟，主要学习次要学科，或者某段时间你集中要给孩子补习的内容。比如，芊有段时间数位的知识学得不好，我就用这段时间帮她做练习；再比如，我们每年有寒暑假旅行，这段时间我们就做各种行前功课。

需要指出的是，这两个时间段不一定要严丝合缝地执行，有时候科学课半小时就能结束，有时候一口气学到晚上 9:30，那么第二天我安排的科学学习时间就会少点，把前一天没学的次要学科时间补上。

所以，时间安排要灵活，原则就是，孩子主要学习的学科要有所侧重，比较侧重的就留时间多些，不侧重但也要兼顾的，可以留的时间少些。

另外还有一点要注意，一定要留出自己状态不佳时的备选方案（比如某天遇上生理期，或某天工作量大等特殊的日子），所以通常我一周有两天晚上是让自己“轻”陪伴的。

我周三一般会安排桌游时间（或者一些现成的玩具），周五会安排乐高时间。因为桌游不需要额外准备，只需要放松地玩就可以了，但桌游又是一种对综合能力的锻炼，也是一种高质量的陪伴。周五的乐高（或其他）通常是孩子可以独立完成的，我只需要在旁观察，偶尔引导即可。

周六和周日的时间安排也遵循这个原则。周六孩子没有任何兴趣班，是雷打不动的出门遛娃时间，我因为周日要工作，所以把兴趣班全部集中在这一天，孩子没人带的时候放在兴趣班是最好的选择。

关于第 2 点：do little，but often

对于孩子每天晚上要学习的内容，坚持 do little，but often，也就是每次学得少一点，但要坚持经常学（保持在 1 周 3 ～ 4 天的学习频率）。

其实上面的第 1 点和第 2 点是相辅相成的，之所以每天都安排学习，是因为我们把一次要学习的内容打散在了一周内进行。

比如，芊上科学课时学的内容一定要平均在每周 3 ～ 4 天的时间内学习，每周都用 1 天读科普书，2 天做科学笔记，1 天做科学报告。

之所以提倡这样的学习方法是有科学依据的。我自己在这两年很喜欢读与脑科学相关的育儿书，我看到很多关于大脑研究的书里都提到“do little，but often”或类似的观点。

人类大脑的记忆方式分为长期记忆和短期记忆，如果让孩子 1 天时间集中学很多知识，通常是在调用他的短期记忆能力。比如，考试前突击背书，虽然效果明显，但如果事后不再复习，就会忘得很快。但是如果我们把知识点打散，每天学一点，在学习后面知识的时候顺带调用以前学过的知识点，让这些知识点不断地被大脑调用、提取，从而加强新知识和旧知识之间的神经元连接，连接得越多记得就越牢，慢慢就会形成长期记忆。

这点在我带娃学科学时体现得尤为明显，因为科学课的知识点都是以网状的知识结构来展开的，彼此之间既有独立存在的各自维度，又互相交织在一起。

比如，学习“地球科学”的板块，地球地貌中涉及岩石和土壤。在科学笔记中，要求孩子做一个土壤分层的模型，我们利用乐高块件来做。芊在仔细观察了土壤的分层后，找出可以利用的颜色及形状的乐高块，

图 1

图 2

根据在小书中学到的知识，进行了土壤的分层搭建。(如图 1、2)

她还特意在土壤上面“种”了花花草草。我问她为什么特意安排了“园丁”？她说：“因为需要有人给花浇水、施肥，因为这都是有生命的物种所需要的。”这个解释正是来源于以前在“生命科学”这个板块中学到的知识。在学习新知识的时候，人们会不断地联系已有的知识储备。

所以，你如果一周有一天突击陪孩子玩 3 小时，不如拆分为每天高质量陪玩 20 分钟更有意义。

坚持小批量但持续的学习

对于像我一样陪伴孩子时间较少的人，可以更加重视陪伴的质量，而想要高质量陪伴，只需要想清楚三点：

①陪伴时要安排哪些能让孩子有所收获的内容。

②对这些内容要分清主次，不能太贪心，全面开花是不现实的，对于侧重的事情就多安排时间，不侧重的少安排时间。

③决定好要学的内容后，按照“do little，but often”的原则进行分配，也就是小批量但持续的学习，这样效果是最好的。

从小做好思维训练，全科启蒙不费力

到底该怎样选择陪伴的内容呢？我结合自己多年的经验，一共精选了几大项内容，这些内容的共同特点首先是孩子喜欢的，其次是准备起来不费劲的，最重要的是，每一项内容都能从很多角度提升孩子的思维能力。

本节先简单说一说这些活动，以及如何帮孩子进行启蒙和思维升级。后面的章节中会把每部分内容进行细分，具体讲一讲操作方法。

从娃 1 岁起，我们的陪伴内容主要围绕以下几方面进行。

绘本阅读

绘本阅读在中国已经很普及了，芊在上小学前绘本阅读量已达到 5000 本左右，每晚睡前读书已成为一种习惯。带芊阅读的这 9 年来，我慢慢摸索出了一套阅读方法。这套阅读方法是我研究了无数国外老师有关阅读策略的教案后，最终总结出的一套适合在家教孩子的方法。这套方法的核心就是那句话：Reading is thinking（阅读即思考）。

我们在给孩子读绘本时，如果只是照本宣科地念，孩子大部分时间处于被动阅读的状态，这个时候他整个大脑的思考并不活跃，因为大脑只是在输入信息。但是如果你在读绘本时运用这套方法，孩子在阅读时大脑就会对信息进行提取、分析、加工，更多的大脑区域会被激活，孩子的思维也会通过阅读得到升级。

我提炼了几个最基本的方法，每个方法都可以举一反三地用，只要你家里有绘本，回家就可以用起来。

乐高积木

乐高积木是芊 2 岁开始接触的，一直玩到现在都没有间断过，现在上小学了，每周也至少会玩两次。选择乐高最重要的原因就是，它是所有玩具（或者我觉得乐高远远地超越了“玩具”的概念）中需要运用到最多综合思维能力的。芊在每次玩乐高的过程中，都会运用到数学思维、工程思维等，极大地提高了解决问题的能力。

在后面的“乐高积木篇”中，我会把乐高中蕴含的思维方法单独提炼出来，为大家详细分析。

桌游

刚开始带芊玩桌游可以说是出于私心，因为我和先生都是“桌游控”，没生芊之前，我们每周几乎都要玩桌游。有了芊以后，从她 2 岁开始，我们就带她玩桌游。

玩着玩着发现，原来桌游是锻炼大脑工作记忆能力最好的活动之一。有时候你发现孩子学习成绩不好，很大一部分原因是他们的工作记忆能力不够，而桌游中的规则、战术、策略以及对道具的操作等，都可以全面地锻炼综合能力。

在后面的“桌游篇”中，我会着重讲一讲如何通过桌游提升孩子的工作记忆能力以及其他思维。

入学准备的启蒙

做好入学准备，肯定要对接小学阶段的学科学习，我选择的主要内容是英语、数学和科学。但在家带孩子学这部分内容与在学校的学习相比，侧重点是不一样的。学校更注重学习效率，教学进度比较快，但更多的是知识的灌输。我在家更侧重对这些学科思维方面的启蒙，也就是训练孩子的数学思维、英语思维和科学思维，让孩子理解所学知识，以补充课内知识。

拥有了这些学科思维，孩子可以从不同的维度来解释世界，比如下面这幅画（图 3）。

图 3

如果用数学思维来解读，可以说这是 1 座公园，3 个人一起逛公园，带了 4 个苹果，地上有 5 片银杏叶，天上有 8 只小鸟在飞，湖里有 6 只白天鹅和 4 只黑天鹅，白天鹅比黑天鹅多 2 只。

如果用英语思维解读，就会提炼场景里的单词：park、lake、swan 等。

如果用科学思维解读，可以对比黑天鹅和白天鹅的不同；通过观察地面上有落叶这个现象，推测出图上的季节是秋天。

每个学科都有自己的角度，也都有自己的知识框架和结构，当你开始带着孩子用不同学科思维看同一个事物时，角度是多种多样的，这能大大增加孩子思维的广度。

在后面的章节中，我会将每个学科最基础的思维训练部分为大家一一介绍。

手工艺术创作

芊 1 岁半开始就喜欢做各种手工，做手工最大的意义就是为大脑输入更多的感官信息。比如，孩子用的纸、颜料、橡皮泥等都有不同的质感、触感，学会使用剪刀、胶水等各种工具，以及孩子主动与身边一切可以利用的材料发生互动的过程，都能促进大脑对信息的深度整合。

在本书中我会从两个角度给大家介绍怎样玩手工可以最大程度地提高思维能力：一是哪些基本功需要锻炼，二是怎样玩才能提升创造性思维。

运动

近年来，运动越来越受到家长重视，芊刚 1 岁的时候，北京关于感统训练的培训班可能才有几家，而现在已经有几十家了。运动除了对身体有好处，还可以改造大脑，这也越来越被脑科学家所证实。我带芊运动的这些年，见证了运动对她大脑思维的活跃、情绪的稳定都起了非常积极的作用。

在后面的章节中，我会分享一些运动改造大脑的科学方法，也会分享在家就可以进行的、准备起来丝毫不费力的技巧性运动项目。

绘本阅读篇

第 1 章

抓住细节，让思维训练有方法

会读图，注重细节，提高词汇量和记忆力

读绘本，看图比背书更重要

我最早给芊读绘本的时候，会刻意用一些方法让她“背”绘本，目的是让她积累表达时用的句子。比如，我说绘本的上半句，让她说下半句，但是效果甚微，她从未在生活中运用过绘本中读过的任何句子。

图 4

反而是在她 3 岁多时我给她读的英文绘本，其中有一页是“the water around the island”（类似图 4）。我配合着图片给她讲，我指着小岛说——island，指着海里的水说——the water，并围着小岛用手边画圈边说——the water around the island。

令我惊讶的是，过了几天有一次吃饭时，我的碗里有半碗汤和一块露出来一部分的腔骨，芊指着我的碗说：the water around the island（类

似图 5）。我才发现，原来把绘本的图片和绘本的文字对应起来阅读，竟会有这么好的记忆效果。从那以后，不管是读中文绘本还是英文绘本，我都是边指着图边带她读。

图 5

文图结合会增强人的记忆能力

文图结合会增强人的记忆能力，这是因为图像在概念层面和视觉层面对大脑进行了双重输入。

以一本低幼的绘本《蜡笔小黑》系列举例（如图 6），如果孩子看到了一辆巴士的图画，他既知道它是巴士（概念），也知道它的颜色、形状（视觉）。

图 6

与之相反，如果把这张图片盖上，孩子只看（听）到“巴士”两个字，大脑只输入了概念层面的信息，即“巴士”这两个文字符号，而没有视觉的信息（图案或实物）时，大脑要更加努力才能达到记忆的目的。所以视觉层面的信息是在帮助孩子理解抽象的文字符号，而大脑对理解后的概念记忆会更加深刻。

利用大脑的特点，增加知识储备

我们可以利用大脑的特点，通过读图，让孩子理解词汇和句子的含义，提高孩子的词汇积累，增加知识储备。

这部分，我会分几个年龄阶段给大家示范。

1.5 ~ 3 岁：这个年龄段的孩子理解能力处于初级水平，词汇选择以

图 7

名词、简单动词为主，可以有简单的形容词。

比如，在芊 1 岁多，我们读《穿雨靴的小鹅》的时候，会这么读：

我：雨靴在哪里呢？

芊：在这里（用手指着图上的雨靴）。

我：哦，那穿雨靴的小鹅说的一定就是它们喽（指着书上的小鹅）？

芊 2 岁半的时候读《可爱的咕噜汪》系列，我给她念完一页后，其中有一句是“油菜花，油菜花，金灿灿的”，其中，“金灿灿的”就是简单的形容词。（如图 7）

我：你能找到油菜花吗？妈妈怎么不知道油菜花在哪里？

芊：在这里（用手指）。

我：油菜花是什么颜色的呀？

芊：黄色。

我：那你知道金子是什么颜色的吗？

芊：黄色。

我：你看，油菜花和金子的颜色是一样的，我们就可以说油菜花的颜色是金灿灿的。

这些都是相对比较简单的，在图画上都可以找到对应的信息，孩子很容易理解。而同样是《穿雨靴的小鹅》这本绘本（如图 8），其中有一页写的是“玩骑马游戏的时候穿”，2 岁半的芊对此产生了疑问：

芊：这是猪，不是马。

我：它骑的是猪，不过它在玩一个“骑马游戏”。我们骑马时会坐在马身上的什么地方呢？

芊：背上。

我：那它坐在猪身上的什么地方呢？

芊：背上。

玩骑马游戏的时候穿。

图 8

我：它把猪当成了马来骑，所以叫作“骑马游戏”。如果你也想玩“骑马游戏”，你想骑在谁的背上呢？

芊：爸爸。

总之，当图片并不是按照绘本的字面含义呈现时，就可以让孩子用类比的方法来举一反三。

理解高难词汇靠线索辅助

3～5岁：当孩子的理解能力不断增强时，就可以引导孩子理解一些有难度的词汇。

比如，在芊大约3岁半时，我给她读《可爱的咕噜汪》系列，其中有一句是“小麻雀来做裁判”，“裁判”虽然也是一个名词，但比雨靴理解起来更难，因为这个词是一种职业。我查了对“裁判”的解释：裁判，即体育比赛中负责维持赛场秩序，执行比赛规则的职位或人物。但我不能把从网上查到的话念给一个3岁半的孩子听，于是我这样引导她来观察图片，理解“裁判”的含义（如图9）：

我：你看下图，小麻雀参加比赛了吗？

芊：没参加。

我：你怎么看出来的？

芊：参加比赛的都在地上准备跑，但小麻雀在树上。

我：你观察得特别仔细，解释得也特别有道理，所以咱们可以知道“裁判”是不用参加比赛的，小麻雀要在上面喊“预备”，大家听到“预备”声才能准备跑。如果小麻雀还没喊“预备”，小狗就跑出去了，假如你是作为裁判的小麻雀，你会怎么办？

芊：让它回来，等我喊“预备”再跑。

我：那你真是一个好裁判。裁判就是这样，在大家比赛的时候，看有没有谁没按事先说好的做，这些事先说好的事情，我们大人一般叫作比赛规则，大家都要遵守比赛规则。谁违反了规则，裁判就会去管，你刚才管得就很好。

图 9

遇到稍微难一点的词汇时，可以先引导孩子在图片上寻找线索，然后用孩子当前能理解的内容配合图片解释陌生的词汇。

文字和图片不可分割

5 岁以上：这个阶段孩子的理解能力会有大幅提升，除了陌生的词汇，可以让孩子通过观察图片理解书中的一些知识点。

芊 7 岁的时候，我们读的一本书中讲到都江堰的故事，文字部分把都江堰工程的来龙去脉，以及整个设计讲得一清二楚。书中还配了一张都江堰的仿古地图，这幅图中细节特别多，几乎把文字中说到的都江堰设计和建造过程的细节全部呈现了出来。先给大家看看这张图（图 10）。

图 10

我们一边读，一边让芊在图片中寻找对应的信息，在此简单给大家示范一下：

我：金刚堤把岷江分为内江和外江，金刚堤在哪里呢？哪个是内江，哪个是外江啊？（芊指出相应的位置。）

我：冬天水量少时，在外江的江口用杩槎（màchá）阻断江水，使外江的河床干涸。杩槎在哪里？

芊：找不到。（因为她还不认识这两个字。）

我：你看，首先书中说杩槎是阻断江水用的，你先找下什么地方没有江水了。

芊：（指着黄色土地的部分）这里没有江水了，（然后指着杩槎）这个就是杩槎，我找到了。

我：对，杩槎让外江没有江水了，所以外江的河床就干涸了。每年都江堰挖沙，李冰都在宝瓶口放一只石马，他说："老百姓每年挖沙都必须以露出石马为原则。"你告诉我，现在这幅图中，老百姓挖沙达到要求了吗？

芊：（找到图中的石马并且观察了一下）没有，因为石马还没露出来呢。

我：很好，判断得很对。李冰还设置了一个石人，并说明：河水深不可过肩，浅不可露脚，太深或太浅都会形成危险。你再判断一下现在有水灾的危险吗？

芊：（找到石人）现在没有，水没有过肩，也没有露脚。

对于这篇讲都江堰的故事，我们就是这样以文字配合图片的方式，了解了都江堰水利工程的来龙去脉。

总之，这种阅读策略最核心的一点就是：如果想让孩子记住某个词汇或者知识点，就引导孩子观察图片，把文字和图片配合着一起看。这样能更好地帮助孩子理解，大脑对于所理解的事物记忆会更加深刻。

利用隐藏细节，挖掘孩子的洞察力

培养洞察力，提升认知能力

有一次，我带芊读一本绘本——《了不起的杰作》，讲的是一个小女孩做一个小发明时，从想法—实践—失败—再尝试—最后成功的故事。其中，书中第 28 页在小女孩的一系列发明中有一个是湿的（图 11）。芊看到这页内容时突然跟我说：“妈妈，停一下，我知道这个为什么是湿的。”

图 11

她翻回第 19 页，指着小狗跟我说（图 12）：“你看，因为它刚才在上面尿了一泡尿。”

我当时很惊讶，她连这么一个小小的细节都注意到了，这样的例子

图 12

在我们的阅读过程中十分常见。她之所以能对图片中隐藏的信息有所洞察，是因为从她 1 岁多读绘本开始，对每一本绘本我们都会仔细读图，再从图片中挖掘大量的细节和信息。

孩子对细节的观察力也是长期训练的结果。从她 1 岁多有了初步的思维能力开始，我就引导她发现细节，同时指着那些细节让她表述画面内容。

在阅读时这样做可以让孩子从被动读和看变为主动阅读，主动阅读可以激活大脑的前额皮质，让大脑产生新的信息，这样不仅记得更牢，长期坚持这种阅读习惯，孩子的认知能力也会更上一层楼。

养成搜索关键信息的习惯

如果孩子在阅读时形成了对图片或文字的敏锐洞察力，就相当于养成了在阅读时搜索关键信息的习惯，这有利于孩子进行深度学习。

那些思维特别敏锐、对事物有深刻洞察力的人，所吸收的信息量和常人是不一样的。对于同样一张图片或一篇文章，没养成观察习惯的人看到的都是大块的信息，而善于观察的人会对信息展开地毯式的搜索，能发现更多的细节，并能同时分析这些细节之间的联系，形成自己的洞察力。

培养洞察力的前提是学会观察

学会观察隐藏细节

我跟芊读绘本大概分为两个阶段，第一阶段是我念文字，芊根据文字在图片上找到相关的内容；第二阶段是我有意引导她寻找绘本中的隐藏细节，再进行对比、推理、预测等思维训练。

我先用《下雪天》来示范第一阶段（如图 13）。

那时候芊 2 岁半，我念完第 1 页的文字后问她：“雪都在哪里，你给妈妈指一指，好吗？”芊依次指了指图片中有雪的地方。我接着说：“果然到处都被雪覆盖了。”这样说的目的，是让芊再次根据图片理解“到处”和“覆盖”两个词的含义。

图 13

图 14

我念到第 9 页时问芊："她拍打树枝上的雪时，雪落下来了吗？"芊说："落下来了。"我问："你怎么看出来的？"芊指着白色的碎片图案说："这个就是掉下来的雪。"（图 14）

家长在念文字时，让孩子去寻找图片上的对应信息，一方面能帮助孩子用图片理解文字内容（积累场景、词汇），另一方面能培养孩子的读图能力，让孩子解读图画中包含的信息。

有选择地提问，切忌事无巨细

读绘本时，不用每页内容都事无巨细地问，可以在每本书里挑选出 2 ~ 3 个重点信息或关键词进行提问，而且也不需要一直运用这个方法。因为当时读了一段时间后我发现，每次只要我念文字时，芊的目光都会随着词汇去搜寻图片。

有一次我们读《环游世界做苹果派》，书里讲的是小女孩为了做一个苹果派，到世界各个国家收集食材。这是一本典型的以文字陈述为主、以图片补充细节，图文配合度非常高、非常经典的绘本。如果不读图的话会失去 70% 的阅读乐趣。

比如第 2 页（图 15）写道：不过，要是遇到市场关门的话……我能看到芊的目光扫描式地掠过图片，然后跟我说："妈妈，这个超市关门，是因为老板出去钓鱼了。"

当你发现在你读文字时孩子在看图，你就可以不用像第一阶段那样发问了。此时，就可以进入第二阶段了。

图 15

第二阶段属于进阶阶段，即寻找绘本中的隐藏细节。所谓隐藏细节，就是文字中没有提到，但会出现在图画中的内容，而这部分通常也是和孩子一起阅读绘本时的最大乐趣所在，在后面的章节中我会详细阐述怎样找到隐藏细节。

视觉追踪能力是提高观察力的基本功

提高追视、检视的能力

有一个朋友经常向我抱怨，说她儿子从小看书的时候注意力特别不集中，容易将字看反或看颠倒，容易跳行或漏字，有时必须用手指着每一个字阅读才行。其实原因之一就是孩子的视觉追踪能力不够。

上了小学以后，那个孩子在各科学习上都遇到了困难，造成了整体的阅读障碍，导致出现语文课文读不流利，数学应用题不会审题等问题。

所谓视觉追踪能力，就是眼睛追踪物体的能力，这种能力是阅读最基本的前提。在小时候大脑中的视觉中心发育还不全时，可以通过训练孩子眼球追视、检视物体的能力，增加视觉广度，提高视觉速度。

阅读绘本这件事本身就是对视觉能力的训练，还有些设计很有意思的绘本可以对视觉追踪能力进行更好的训练。

比如《猜猜看——谁找到了泰迪？》，这是芊看过无数次的绘本。它最有意思的一点就是绘本里面虽没有画人物，却有所有人的脚印。

翻开第一页（如图 16），可以看到一个房子的玄关，地上有 4 串脚印，每串脚印的路线都不同，孩子可以通过脚印的行进方向辨别这个人要去做什么事情。

图 16

作者最开始给了一个提示，就是小猫，孩子可以追踪小猫的脚印，看到小猫爬上了椅子拿东西。芊就是根据这个提示明白了，红色脚印的主人拿起了泰迪熊，黄色脚印的主人背上了书包，蓝色脚印的主人已经走出了家门。

这本书接下来的每一页都是如此，场景随着脚印的行进而改变着。比如，一家人走到树林里，黄色脚印的主人在树上系了一根绳子（如图 17）。

图 17

在下一页（如图 18）芊发现，原来他系绳子是想要搭一个帐篷。除了脚印在前后页之间都是连贯的，事件也是连贯发生的。不同脚印的颜色，以及脚印的路线，从第一页一直延续到最后一页。

图 18

孩子大脑中的视觉中心开始对绘本中的目标进行检测、提取、识别和追踪，这是非常好的视觉训练。

芊很明显地在后几页的追踪速度快了很多，而且能同时追踪 2 ～ 3 串脚印的方向，这说明她的视觉广度和速度都在提高。

除了简单的视觉追踪，作者还加入了很多需要调动大脑进行分析的内容，比如下面这页（如图 19），芊发现蓝色脚印是从石阶上直接跳上围墙的，因为在石阶处脚印就断了，随后脚印一下子进入了草地。

图 19

如果想判断每个人都在干什么，就需要追踪脚印的行进路线和停顿的位置。比如最后一页（如图 20），所有人都回家了，蓝色和红色脚印停顿在毛巾架处，水龙头是打开的，芊说他俩去洗手了，还说他俩一定是这家的孩子。

我说："你是根据什么判断的？"芊说："因为回家后大人都会让小孩儿先洗手。"我说："还有其他证据吗？"芊说："他俩都背着小书包，还有，蓝色脚印是直接从石阶上跳上来的，小孩儿才这么淘气。"

图 20

这本绘本的核心分析主线是一只泰迪熊，主人公回家的时候泰迪熊却丢了。在看第二遍的时候，芊的主要任务就是追踪泰迪熊，并分析出泰迪熊是被谁、在哪里弄丢的。

加强视觉知觉训练

除了视觉追踪能力，这本绘本还提供了更高层次的视觉知觉训练，这类训练侧重于对大脑高级中枢的整合和代偿。说简单点就是唤醒大脑皮层的作用，激活大脑的更多区域，从而对视觉信息进行思考和分析。

类似的绘本还有《蛋糕哪儿去了？》，一个场景里有10组以上的动物，每组动物都在做不同的事情，需要小读者去追踪和感知。

比如下面这页（如图21），最下面的水獭拿着红酒，右下角有两只老鼠刚过了桥，拿着蛋糕在跑，后面有狗夫妻在追它们。（注意最上方中间的位置，作者还设计了一只隐形的变色龙，超级锻炼孩子用视觉提取信息的能力。）

图21

下一页（如图22）还是这些角色，但是走到了下一个场景，每种动物干的事情前后之间都是连贯的。比如，两只老鼠已经跑到小粉山丘上，狗夫妻也追到独木桥处了；隐形的变色龙走到什么位置，你发现了吗？

(作者用了更巧妙的表现方式，对孩子来说这就是对视觉知觉的训练。)图中角色之间所做的事情也有着一系列的连锁反应。

图 22

这本书需要更强的视觉追踪能力，孩子不仅要观察每个动物的行进路线，而且要观察不同角色之间是如何互动的，这需要视觉的广度，也需要更强的视觉知觉能力。视觉中心会尽可能多地收集信息，再由大脑对其进行分析，找到它们之间的因果关系。

这本书芊看了有一个月之久，隔两天就拿出来读，每次读都有新的发现，而且发现的信息也是阶梯上升式的。刚开始她发现的都是每种动物的位置（即藏在哪里），后来开始追踪动物之间的各种互动关系，知觉能力明显地提高了。

细节的分解与组合

细节的分解

《阿黛拉和西蒙在巴黎》这本绘本的图片信息量大到惊人，每一页场景都是巴黎经典的地标性建筑，如巴黎圣母院、卢浮宫、百年蛋糕老店等，以至于在书的最后一页，还专门把每页的场景建筑做了一个列表，家长如果带孩子去巴黎旅行，一定要带上这本书。

作者还把自己其他作品里的人物安排在了这本书里客串，芊之前读过作者那套经典的《玛德琳的故事》，所以在这本书里再看到的时候兴奋得快跳起来了。

这本书简单来说讲的是两个小孩在巴黎街头丢这丢那，然后很多好心人一起帮他们找东西的故事。这本书的文字不多，可以在 10 秒内读完，但仅图片就可以看 10 分钟。比如，第 1 页（如图 23）是两个孩子在巴黎街头的卖场丢了一幅画，到处找也找不到，这个时候就可以和孩子在图画里找这幅画，大家可以试着在图中找找看。作者为每页设计了一个这样的“I spy”（视觉大发现）游戏。这其实是这本书的明线，因为作者会在文字里说出他们丢了什么东西，孩子再根据作者的提示去找。

图 23

读到最后一页（图 24）时，这两个孩子丢的所有东西，都被大家排队送了回来。

图 24

图 25

此时再带孩子翻回去重新看就能发现，这些送还东西的人都可以在之前丢东西的地方找到。比如，他们在博物馆里丢的围巾，最后是被博物馆管理员找到的，这页的博物馆管理员（如图 25 中穿蓝色衣服的人）也就是最后一页排在第 3 个的人。

有的绘本细节，作者会隐藏得更深。芊 6 岁时我们读《古纳什小兔》，讲的是两个小女孩带着两只一模一样的兔子去学校，之前她们都以为自己的兔子是独一无二的，没想到在学校“撞兔”了。

因为芊长期以来养成了观察图片的习惯，她跟我说：“妈妈，这两只兔子不一样啊，你看，一只兔子耳朵是蓝色的，一只兔子耳朵是粉色的，她们俩的兔子其实还是独一无二的啊。”芊还没有意识到，这个发现正是作者留下的伏笔（图 26）。

图 26

两个孩子“撞兔”后产生了各种争吵，兔子被老师没收了，放学后才还给她们。两个孩子拿回自己的兔子各自回家，一路上带着小兔子玩儿，一起吃饭，直到睡觉时都开开心心的。

直到凌晨 2 点的时候，其中一个孩子翠西睡着睡着突然醒了（图 27），

图 27

图 28

她看了一眼自己的小兔子，发现哪里不对劲儿。芊在这个时候突然惊呼："妈妈！她们拿错了！你记得我刚才跟你说它们的耳朵颜色不一样吗！翠西的兔子耳朵应该是蓝色的！"

果然，再翻到下一页（图 28）时剧情就是，翠西指着自己的小兔子说："这不是我的小兔。"

细节的组合

正是上面这个小小的细节，连两个主角、老师、父母，包括作为读者的我都没有发现，却被芊观察到了，她在作者揭开这个伏笔的前一秒便预测出了剧情。我能从芊发光的眼神中体会到那种洞察力带给她的阅读快感。

可见，洞察力是可以培养和训练的，在教孩子阅读策略时，每看完一本书，老师通常会让孩子把书翻回去，并把预示着结局的伏笔全部圈画出来，同时在写作中，也会专门训练孩子如何埋伏笔。

套在《古纳什小兔》这本书上，家长就可以提醒孩子，对于拿错小兔子这件事，可以翻回去再看看，看看前面在什么地方拿错了？怎么之前都没有发现呢？

第 2 章

深度挖掘和利用绘本信息，培养综合思维

学会分析复杂信息，才能拥有洞察力

一次只选一条信息链

图 29

4 岁以后，随着孩子大脑的发育，他们开始过渡到阅读信息量更大的绘本。绘本会在场景变化及描写人物时隐藏线索，阅读这类绘本可以训练大脑处理复杂信息并进行分析的能力。比如，经典的《再过 10 分钟就睡觉》是一本无字书（图 29），它所有的阅读乐趣都在图里。让它成为经典的，不仅是图画的信息量大，内容中也有大量隐藏的信息。

我带芊阅读这样的绘本时，通常第一遍就是随意看，让芊选择自己喜欢看的内容，做些看图说话的游戏。

等下次再看的时候，我就会让芊盯住某一个人看，她会先选择盯着 1 号小老鼠看，结果发现 1 号小老鼠不管在每页中的什么位置，都是在踢足球（如图 30）。

图 30

等她再看其他角色时，发现每个角色都有独特的设定。比如，8 号小老鼠每页都要钻到某个东西里，从来看不见脑袋；2 号小老鼠每页都在模仿小主人（图 31）；4 号小老鼠每页都在跟雨伞较劲儿……

图 31

在信息庞大而复杂的绘本中，孩子一下子看到所有内容，会造成信息过载，大脑运转超负荷。这时，可以引导孩子逐条处理，比如这次观察 1 号小老鼠，下次再观察 2 号小老鼠，或只观察小主人和小老鼠的互动，等等。每次只观察一个点，可以大大加快大脑对信息吸收和处理的速度。

经常训练，增加视觉广度

图 32

这个方法在我同事家孩子身上也得到了印证。有一次，她带孩子做德国《逻辑狗》的练习册，这套练习册是特别好的思维训练书之一，在第 5 阶的练习册中有这样一个题目：请你仔细观察下面图中的苹果和毛毛虫，并从答案栏中找出一样的图片（如图 32）。

这道题主要考查的是孩子对错综复杂信息的处理能力，虽然看上去图中右侧的十张图片没什么区别，大致信息就是一个苹果和一条钻出来的毛毛虫。但这道题我同事家 5 岁的孩子花了好长时间都没有做出来，刚开始她发现毛毛虫都一样，苹果叶子不一样，等苹果叶子终于一样了，又发现苹果的梗儿长得不一样……

这道题表面看似一样，其实细节处有着细小的差别，这造成了大脑输入信息的复杂性。后来同事用了我上面说的方法，先从题目里找不同，即用排除法来做，先选一个细节——毛毛虫，仔细看就可以发现，在 10 条毛毛虫里，第 1 条的触角分开的角度最大，第 3 条的头是冲着左边的，第 10 条的表情是难过，其余的都一样，这三个答案一下子就出来了（如图 33）。

再选第二个细节——苹果叶子，会发现第 4 张图是个“胖树叶”，其余树叶都一样，那么第 4 张图的答案也出来了（如图 34）。

图 33

图 34

第三个细节——苹果的梗儿，第三排中间那个苹果的梗儿特别短，其余的都是长的，在答案栏里也很快就找到了这张图片（图 35）。

用这种方法很快就找出了 5 个答案，孩子信心大增，接下来的几个答案也很快都找到了。

经常通过绘本训练这些能力，能增加视觉的广度，从而更有效地训练大脑收集信息、处理信息的速度，最终提高孩子的整体洞察力，更好地进行深度学习。

图 35

判断因果关系，是逻辑思维的起点

芊刚上小学时，有一天我跟她一起读《妈妈的红沙发》这本绘本，大致情节就是“我”的家被烧光了，“我”和家人一起攒钱买一个新沙发的故事。这本书从叙事方式到细节的描述都非常经典，我专门用这本书为芊做过写作练习。

我对这本书的一个细节印象很深。有一次，读到一半时芊突然跟我说：“这个红沙发一定很贵。”这一点绘本中并没有提到，我问她怎么知道的。

芊翻到其中一页，指着画面说：“你看她们搬家时，邻居送的都是锅碗瓢盆，但就是没有人送沙发，说明这个沙发应该挺贵的，别人送不起。”（图 36）

我说：“你分析得很有道理，还有其他证据能证明吗？”她又开始在

图 36

图 37

书里翻翻找找，然后找到了一张图（图 37）跟我说：“你看，她们的存钱罐很大，说明需要存很多钱才能买一个沙发。”

我当时就表扬了她的逻辑推理能力，我说：“你刚好把握住了逻辑思维能力中最核心的两点：一是为提出的观点提供证据；二是观点和证据之间有合理的因果关系。”

逻辑推理能力包括以下几个关键点。

因果关系——逻辑思维的起点

我特别重视培养孩子的逻辑思维，孩子说话做事是否有逻辑，往往代表了他们是否有清晰的思维。

在孩子还无法理解复杂的逻辑关系之前，首先应教给孩子的阅读策略就是捋清因果关系，这也是逻辑思维中最基础的一环。英文中叫作“cause and effect”，我看到很多国外学校的教室里都挂着 cause and effect 的海报，上面有定义，也有举例（图 38）。

图 38

有张海报上（图 39）特别写道（大致意思）：好的阅读者会对因果关系有敏感度，阅读时会思考发生了什么事，以及为什么会发生这件事。

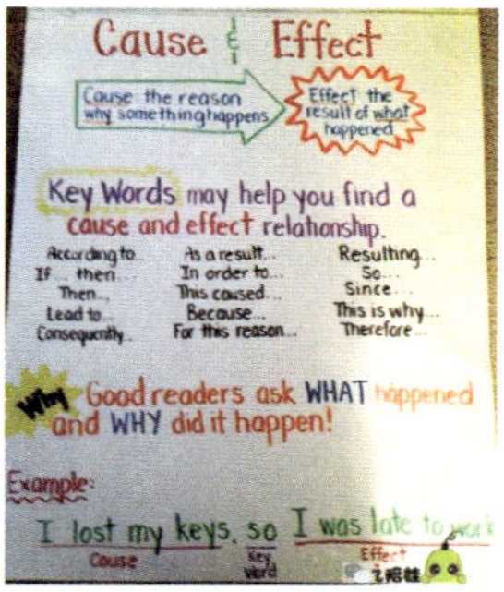

图 39

关于这个阅读策略，在我们带孩子读绘本时，只需问一个问题就可以了——为什么。每次我一问这个问题，芊就开始启动逻辑思维，开始思考因果关系。

边读绘本，边找因果关系

芊 3 岁半时，我们读过一本绘本叫《爷爷一定有办法》。这本书改编自西方的一首经典童谣，被现代绘本作者演绎出很多不同的版本，其中最有名的一本叫作《约瑟夫有件旧外套》。两本对比着看特别有意思，虽然是同一个故事，但作者的呈现方式是如此不同，却都很精巧。

《约瑟夫有件旧外套》中讲，爷爷给小孙子约瑟做了一条毯子，当约瑟逐渐长大，爷爷把毯子改成了外套；外套缩水了，爷爷就改成了背心；背心旧了又改成领带……直到这条毯子最后被改成了一颗纽扣。当纽扣也消失了，它还变成了……这里就不剧透了，这本书的结局非常棒，大家可以带着孩子去读、去品味。（图 40）

图 40

这本书通过两条故事线展开，一条线是上层屋子里“我”和爷爷一家的故事，另一条线是下层屋子里小老鼠一家的故事。（图 41）

每次小老鼠一家都用爷爷从布料上剪下的边角料给自己的孩子做东西。比如，爷爷给约瑟做了一条毯子，它们就用毯子的边角料给自己的孩子做一条毯子。所以，这本书的两条线——爷爷家和小老鼠家发生的事刚好互为因果关系，特别适合运用因果关系阅读策略。

图 41

我带芊读这本书的时候，读到小老鼠家这

条线时，我问芊："小老鼠家为什么也能做条毯子呢？"芊回答说："因为有爷爷做衣服掉下来的布料……"依此类推，直到最后一页，当爷爷家的纽扣丢了时，我问芊："为什么纽扣丢了？"芊仔细观察图片后说："因为它掉到了地上，被小老鼠一家捡走了。"

这种因果关系中的逻辑关系，全部可以在文字和图画中找到答案，孩子小的时候，可以用这样的方式去阅读。

推理因果关系

前面说的因果关系是明线，孩子可以从文字和图画中直接找到。随着孩子理解能力的增强，我们可以稍微拔高一点，可以就某一个细节来提问，这需要孩子具有一定的推理能力才能推断出答案。

芊 4 岁时，我利用《我的妈妈真麻烦》中的一个细节来引导她进行因果关系推理。这本书内容非常搞笑，讲的是"我"成长在一个巫师家庭中，但"我"周围都是常人，由此引发了巫师和正常人之间种种搞笑的事情。

比如下面这页（图 42），"我"的妈妈去开家长会，结果妈妈一走过去，家长们都变成了蛤蟆，配的文字也很搞笑"她好像根本不知道……应该怎样和其他家长相处"。

图 42

这个因果关系没有在文字里明说，而是通过女巫位置的移动来呈现的。我让芊对比了妈妈走过去之前和走过去之后画面的不同，芊说家长变成蛤蟆的原因就是因为女巫走过去了，不小心给她们施了魔法。她还根据家长的座位次序和外观特点，一一找出了哪只蛤蟆是哪个家长变的。

由于女巫制造了各种麻烦，所有的家长都不希望自己的孩子去女巫家玩儿，女巫就像个天真的不知道自己犯了什么错的孩子一样，觉得很委屈，但是转机来了。

有一次学校着火，女巫立了功（图 43）。

图 43

芊看完后似懂非懂，不知道女巫是怎么灭火的。我这样引导她：

我：女巫为什么要带着云彩来？

芊：因为学校着火了。（可以从书上找到答案的因果关系。）

我：她带的是什么颜色的云？

芊：黑色的云。

我：黑色的云是什么云？

芊：乌云。

我：为什么要带乌云？（需要简单推理的因果关系。）

芊：有乌云就要下雨了，下雨就可以灭火了。

翻到下一页时（图 44），果然印证了芊的推理。

图 44

绘本中的很多故事情节和小细节，在孩子看不懂时，都可以用因果关系阅读策略，试着让孩子自己推理而得出答案。

探究因果关系，进行深度阅读

这个阅读策略我通常会用在给芊读科普书时，我们读《商贸，从贝壳到丝绸》这本书时，前一页讲“物物交换”，下一页讲“贝壳是最早的钱”。

图 45

我问她：“拿东西交换挺好的，为什么改用贝壳呢？”芊一时没有思路。我让她回忆，还没有钱出现时人是怎么交换东西的，芊把书里读到的内容给我讲了一遍（图 45 右边这部分内容）。

然后我问芊：“如果有了贝壳，你想要一只小羊怎么办？”芊说：“那直接用贝壳买就行了。”她接着说：“原来用贝壳买东西是为了方便，不用换来换去的。”

因此，在读这种知识类书籍时，我们多追问一些“为什么”，孩子就不是单纯地只记忆一个知识点，而是开始探究事物之间的联系，即透过现象看本质。

如果针对每本绘本都问一个“为什么”，就可以慢慢培养孩子深度阅读的习惯。

确定关键信息，提高演绎推理能力

精准圈画信息，练习演绎推理

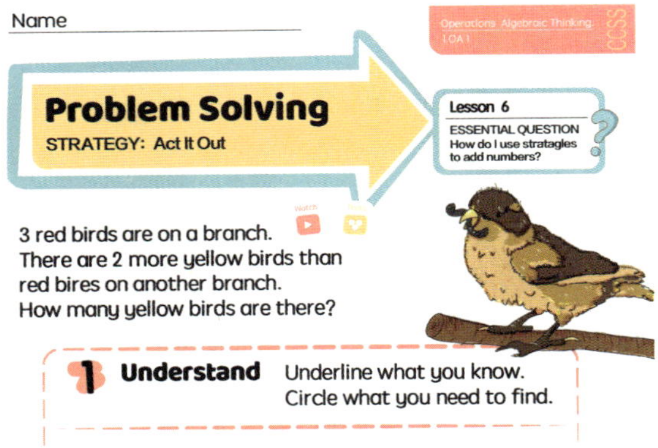

图 46

演绎推理就是利用已知信息，推出未知结果，这也是逻辑思维的一种。

我研究国外数学教材时注意到这样一个细节，在做每道数学应用题时，老师都会让孩子用横线画出已知信息，用圆圈圈出要解决的问题。其实这一个小小的动作，就是在锻炼孩子演绎推理的思维，即想推导出结论，就要先去收集已知信息。（如图 46）

我们看下面这道小学数学题：

4 个小朋友上绘画课，老师要了解他们的年龄信息，从题目中只知道他们分别是 5、6、7、8 岁。

表 5

	 穿蓝 T 恤男孩 ①	 穿黄 T 恤男孩 ②	 戴粉红色蝴蝶结发卡女孩 ③	 穿红裙子女孩 ④
5 岁				
6 岁				
7 岁				
8 岁				

还有三条线索：

①戴粉红色蝴蝶结发卡的小女孩说：“我是最小的。”

②穿蓝色 T 恤的小男孩说：“我比她大 2 岁。”

③穿红裙子的小女孩对穿蓝色 T 恤的小男孩说：“我比他大 1 岁。”

解题的方式就是从这 3 条线索中先找到确定的信息，也就是第 1 条——我是最小的，那么 5 ~ 8 岁这几个孩子中，最小的就是 5 岁。再由从第 1 条得到的答案中去推导和其他线索的关系，推理出其他小朋友的年龄。

所以，演绎推理要一步步找到确定信息，最后推导出结果。

《小蝌蚪找妈妈》——演绎推理的经典之作

能体现典型的演绎推理的绘本，是我国经典的绘本之一《小蝌蚪找妈妈》。小蝌蚪每遇上一个动物便获得一个关于妈妈特点的确定信息，最后符合所有这些特点的就是它的妈妈了。

读这本书的时候，每一页我都会问孩子：“为什么这个不是小蝌蚪的妈妈？”芊说：“因为它虽然有大眼睛，但是没有白肚皮。”后面每页芊

图 47

都会说出哪些特点是不符合青蛙妈妈的。最后找到了青蛙妈妈，她就能把所有青蛙妈妈的特点一一对应上了。（如图 47）

这个过程就是一次对演绎推理的练习。

芊 5 岁时读的高频词小书也是一本经典的演绎推理小书。这本书学的是“this”（这个）这个高频词，每页都是一个固定句型“Is this......?”（这是……），而每页的故事情节都是这样的。第一页：Is this my robot？No. it is not. My robot is fat.（这是我的机器人吗？不，不是。我的机器人是胖的。）第二页：Is this my robot？ No. My robot is not yellow.（这是我的机器人吗？不，我的机器人不是黄色的。）（图 48）

图 48

图 49

每页都会提供一个“我”的机器人的特点，然后下一页的机器人会满足这个特点，但又会提出一个新特点，是这个机器人所不符合的。比如图 49 中的右图，“我”的机器人满足了图 49 中左图说的“My robot does not have arms."（我的机器人没有胳膊），却又不符合"My robot is a girl."（我的机器人是个女孩）。

直到书中倒数第二页"Can you find my robot？"（你能找到我的机器人吗），这页的图中列出了所有的机器人，而其中只有一个机器人是"我"的。在这些机器人中去掉刚才那些不符合特点的，芊很容易就判断出了哪个是"我"的机器人，答案就在最后一页揭晓——Here she is！ This is my robot.（在这里！这是我的机器人。）（如图 50）

图 50

读这种类型的绘本是对演绎推理能力极好的锻炼，只需要顺着绘本思路让孩子照着推理就行了。

寻找固定模式，学会合理推断

善于发现 pattern

在小学数学课中有这样的训练，即 pattern，国内经常翻译为"图案"，我个人感觉还可以翻译得再到位一些，其实 pattern 强调的是有某种内在规律的图案或模式，而不是随机产生的。

“pattern 思维”最重要的作用就是，洞悉一个事件或一系列事件中的规律，以预测未来。

芊 3 岁时，我带她读《我的连衣裙》这本经典的低幼绘本，书中有一个明显的 pattern 就是，当小兔子走到什么样的场景里，它的连衣裙就会变成某个场景里的图案。比如，如果走在花园里，小兔子的连衣裙就会变成花朵图案；如果下雨了，连衣裙就会变成雨点的图案。

我在给芊读的时候，还发现一个暗藏的 pattern，即当小兔子要进入一个新场景时，前一页都会有相应的提示。

比如第 5 页是下雨的场景，那么在第 4 页的右上角你已经可以看见雨点了（如图 51）。

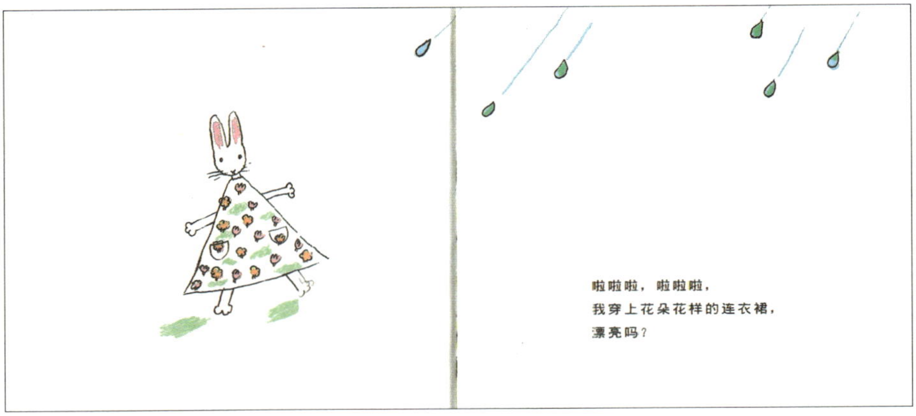

图 51

我引导芊发现这个规律。读到第 7 页时我问：“你能从这页中找到一个提示，预测小兔子接下来要去哪里吗？”芊找了一下，发现了图画右下角的麦穗，跟说我：“我猜是去麦田。”果然，翻到后面一页就到了麦田（后面的内容也依此类推）。（如图 52、53）

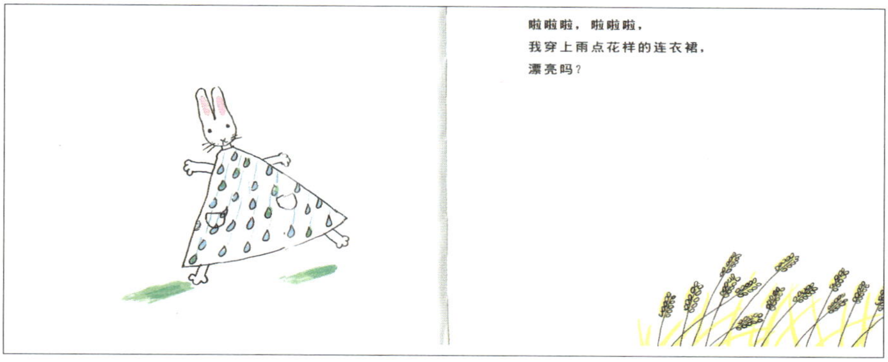

图 52

图 53

用 pattern 培养预测分析能力

引导孩子发现作者在绘本中设计的 pattern，可以锻炼孩子发现、分析和总结规律的思维习惯，做出合理推断。

在《第五个》这本绘本中，作者用了一个 pattern 来设置悬念。这本书讲的是五个玩具坐在屋外，门是关着的，玩具们的表情相对淡定—下一页门打开，出来一个玩具，其他玩具的表情都是惊恐的—下一页再进去一个玩具，其他玩具的表情是松了一口气—门再次关上，直到最后一个玩具进去，整个情节就是一个固定循环的 pattern（如图 54）。

图 54

直到最后一页，孩子才能知道这个屋子里面到底有什么。

我第一次带芊读这本绘本时，就让她找 pattern，芊找到的是：

①每一页灯光的方向和玩具走的方向都是一致的。

②门开了，玩具们进去时的表情都是惊恐的，出来时的表情都是高兴的。

③每个玩具进去之前是坏的，出来以后都是好的。（如图 55）

图 55

我翻到最后一页之前问她："你觉得房间里面是什么呢？"芊认真分析和总结了规律，跟我说："它们应该是去看医生。"我翻开最后一页看到，玩具们果然是去看医生了。

第 3 章

向前一步，
让思维变成综合能力

对比相同和差异，是批判性思维的基本功

对比异同用文氏图

对比相同和差异是一种观察方法，如果孩子学会下意识地经常使用这种观察方法，那么养成的就是一种深度思考的习惯。

在国外从幼儿园开始的课堂上，数学、语文、科学中都会大量运用这种方法，而这也是批判性思维中最基础的环节之一，老师将这种思维方法叫作 compare and contrast，也就是对比相同和差异。

在教孩子掌握这种思维时，通常可以用思维导图中的文氏图来学习。比如，老师会让学生用文氏图来对比《三只小猪》和《三只小狼和大坏猪》的相同点和差异。两个圆圈相交处的信息就是它们相同的特点：角色中都有猪和狼，场景中都有房子；而不相交的地方就是不同：比如三只小狼的房子是花房，而小猪的是草房子（如图 56）。

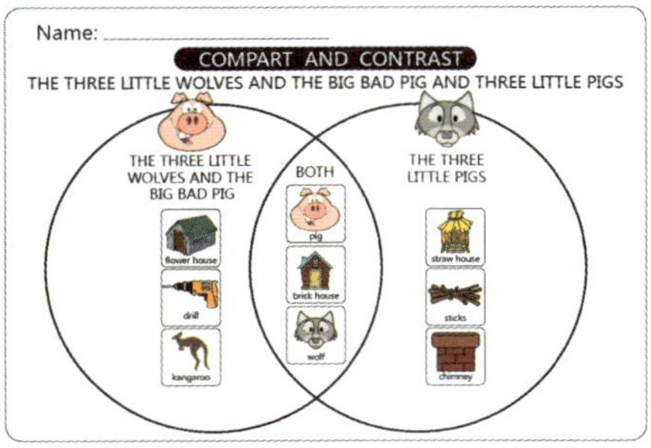

图 56

通过这样的对比，孩子就可以发现，《三只小狼和大坏猪》其实是作者对《三只小猪》的颠

覆，虽然保留了原角色和设定，但把“好人”和“坏人”完全颠倒过来了，剧情的发展也跟着变了。

运用对比和批判思维，学会深度阅读

通过这种对比，可以让孩子进行更深层次的阅读，了解故事的架构和设定，以及作者的创作思路。

在阅读绘本时，我特别注重这一点，我会随时找一些类似的情节和内容，训练芊的这种思维习惯。比如，之前提到过的《古纳什小兔》《阿黛拉和西蒙在巴黎》这两本绘本，之前读的时候是我们一起找隐藏线索，现在撇开情节，我让芊来对比这两本书的创作方式。(图 57、58)

图 57

图 58

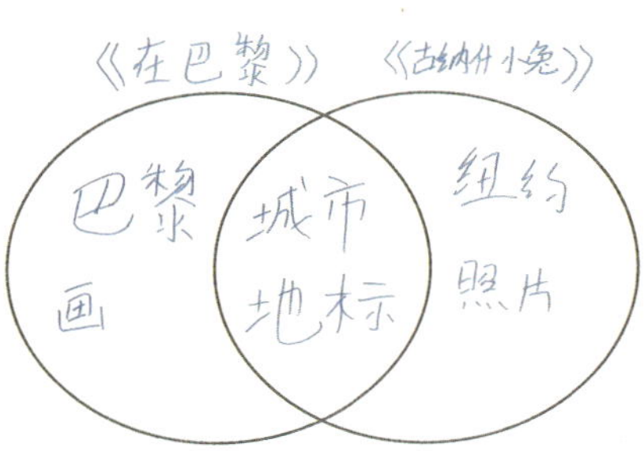

图 59

我让芊主要观察了这两本绘本里的街景。图 59 是芊用文氏图总结出的两本书的相同与不同点。

对比之后，芊跟我说："《古纳什小兔》的场景不是画的，用的是照片。妈妈，我也想用这种方式画自己的绘本。"她做了个动作，让我把她拍下来（如图 60）。

我们把这张照片打印出来，再把人像剪下来，贴在一张白纸上，又画上了其他场景，进行了小小的创作。（如图 61）

图 60

图 61

通过对比，芊发现了不同作者的不同创作方式，以前我们的焦点会集中于故事情节，现在发现，同一类型的场景还可以用不同的手法表现。

得益于这个灵感，芊又进行了创作，把读绘本延展到了创作绘本的领域。

理解图画视角，提升空间思维能力

绘本的作者为了更好地叙事，其构图经常是多种多样的，而对图画视角进行分析，可以锻炼孩子的空间思维能力。

所谓空间，就是现实世界中物体的形状、大小、位置关系及其变换。空间思维考验的是，现实世界中的空间关系都是三维的，而当它在其他维度里呈现时，孩子是否可以从视觉上识别出来。

有一道智商测验题：给孩子出示一个罗汉塔的平视图，孩子需要从俯视角度辨别出每个罗汉塔（如图 62）。

图 62

从平视图中可以直观地看到颜色和堆叠顺序，但如果换成俯视角度，再根据平视图判断出位置顺序就不容易了。要想判断出来，不仅要观察平视图的颜色和顺序，还要结合直径大小等信息，在大脑中中将其转换成俯视视角去辨别，这就是典型的对空间思维的运用。

在绘本中，图画视角切换的例子比比皆是。比如，在经典的绘本《让路给小鸭

图 63

图 64

子》里，视角切换特别频繁。

当小鸭子飞起来的时候，视角是俯视的（如图 63）。这时我会问芊："你现在看到的是高楼的什么地方？"芊说："楼顶。"我问："为什么看到的是楼顶呢？"芊说："因为它们是飞起来从天上往下看的。"我告诉芊这种由上往下看的视角就叫作俯视，或者鸟瞰。

当小鸭子在河里游的时候，我又问她："现在这张图是俯视视角吗？"芊说不是，因为它不是从上往下，而是直接看的。我说："对，这就是你既不用低头，也不用抬头，脑袋平着的时候眼睛就可以看到的，这个视角就叫作平视。"（图 64）

绘本中的图画视角是非常丰富的，有俯视、平视、仰视、特写、对比等，这些视角都是服务于故事情节的，可以锻炼孩子对空间的感知力。

很多绘本里还有地图，看地图可以锻炼孩子的空间推理能力，它比单纯的空间思维又深入一些，不仅要求孩子认出二维平面上的符号（比如地图上的各种标记），还需要把地图上的信息和三维空间（比如公园）联系起来。

在《色拉和魔法店》里，昆虫们要去参加蝴蝶莫纳克的婚礼，它们收到的请柬里有一张这样的地图（如图 65）。

地图上每个地方都有一个最明显的标记。比如，竹林中的竹子，树根迷宫里的大树。昆虫们每走到一个地方，我就让芊找一找它们现在在地图上的什么位置。她会对照这幅图去地图里找相应的标记，比如，如果看见它们走到了有绣线菊的地方，就会在地图上找到绣线菊的标记。

科学研究表明，查阅地图能够激活大脑里的海马体，让大脑中一个负责空间记忆的关键部位增大。所以，当绘本中出现地图的时候，就可以锻炼孩子看地图的能力，它结合了阅读、数学、空间的切换等元素，可以提高孩子的整体空间意识。

只要绘本里面出现地图，就不要放过锻炼孩子空间思维的好机会。

图 65

图 66

发散性思维，想象力的源泉

想象力也需要知识储备

一说到想象力，大家可能觉得天马行空，或者感觉那些奇幻的故事才充满了想象力。

如果你拥有想象力，很多工作就会比没有想象力的人做得更好。乔布斯发明出 iPhone 手机需要想象力，日本设计师设计一个调料瓶也需要想象力。

图 67

想象力对阅读也很有帮助。有一次我给芊读《爱丽丝梦游仙境》，其中写到爱丽丝掉到兔子洞后进入了一个房间，房间里有一张三条腿的桌子，我说："这张三条腿的桌子是什么样的啊？"我当时完全想象不出来，芊用手在空中给我比画了一张三条腿桌子的模样，类似图 67 显示的这种。

孩子在看文字书时脑海里是有很多画面的，而这个画面需要具备大量场景和实物的积累才能脑补出来。

我自己是想象力比较匮乏的人。我特别喜欢的一本书叫《借东西的小人》，讲的是一个老宅子里住着一群小人，他们借用人类的各种小物件为自己的生活所用，但我在看书的时候脑海里的画面很少。

想象力丰富的人的脑中会呈现什么画面呢？我想，就是宫崎骏大师脑海中的画面。这套书后来被制作成了动画片《借东西的小人阿莉埃蒂》，她用别针晾衣服，用线轴做凳子，各种细节在大师脑海里都能浮现出来。（如图 68）

图 68

比起读文字书，读绘本最大的意义就是可以积累图画素材，让孩子把抽象的文字和具体的图画或场景对应，从而在读文字书时能联想出具体的形象。

人的大脑无法想象出那些自己没有见过的东西，神话故事里的那些神仙鬼怪或者外星人，都是由我们见过的其他东西推测或者组合而成的。所以看绘本时画面积累得越多，联想越丰富，思维就越敏捷。

读绘本不仅可以从积累的画面中培养想象力，还可以从类似联想思维方面激发想象力。

类似联想就是由一个事物引发的与该事物在性质或形态上的相似事物的联想。比如人们看到云，会将其想成棉花糖、牛奶等。

很多建筑师、艺术家、发明家都有很强的类似联想思维，他们其实都是在借鉴自己看过的东西，只不过看不出借鉴的痕迹，他们借鉴的很可能是底层逻辑，而非表面特征。

从一个物品开始展开联想

我们在给孩子读绘本时，可以从事物的表面特征开始联想。比如，

《妞妞的鹿角》这本绘本讲的是妞妞一觉醒来发现自己头上长了一个鹿角，刚开始这对她造成了各种困扰，比如穿不上衣服，出不去门。后来她开始对自己的鹿角善加利用，比如在上面放面包圈给家人送早点、晾衣服，让小鸟当树枝栖息。

读的时候我问芊：“如果你是妞妞的话，想用鹿角做什么呢？”芊说：“好多用处，比如用鹿角来挂书包，用鹿角来拿高处的东西等。”

这本书最有意思的地方是，在故事的最后，妞妞的鹿角终于消失了，可是又长出了孔雀尾巴。这就是作者留给孩子发挥的空间，我们可以问孩子：“如果变出了孔雀尾巴，会给你带来哪些麻烦呢？你又打算怎样利用它呢？”

类似的绘本很多，而且特别适合让孩子举一反三进行类似联想，比如，《小真的长头发》《米莉的帽子变变变》，等等。

利用弹性思维创造性地解决问题

弹性思维就是从一个问题的不同角度、不同层面进行分析，提供多种解决方案。我们常说的“一题多解”“一物多用”都属于弹性思维的范畴。

我在给芊读绘本的时候，常让她帮绘本里的角色解决问题，鼓励她想出更多的解决方案，而且没有标准答案。

《铁轨铁轨连起来》这本书特别适合锻炼孩子解决问题的能力。它讲

的是一群小人一路搭很长很长的铁轨，在每页的不同场景中遇到不同状况的故事。（如图 69）

图 69

比如，到了一个场景我就问芊："遇到大山了，怎么办啊？"芊 3 岁的时候还想不出办法，所以每页我都会让芊看着图说说他们的解决办法。

等她 4 岁我们再重新看这本书时，她就说："也可以在山上面搭铁轨。"我说："这是一个办法，还有其他办法吗？"芊又想了想说："可以像坐地铁那样，在地底下挖铁轨。"我说："这也是一个不错的办法。"（如图 70）

图 70

图 71

这页（如图 71）是小人们为了让小动物安全过路而想出的解决办法。我让芊想想有没有其他办法，芊说可以搭一座桥，把铁轨铺在桥上，让小动物从下面走。

图 72

这本书的每一页都是这种模式，因为遇到了某个状况，主人公就想出一个解决办法。最后这一页建了车站（图 72），也是为了方便人们搭乘火车而想出的办法。阅读时，可以针对每一页问问孩子有没有其他解决办法。

需要注意的一点是，想锻炼孩子的弹性思维，最重要的一点是，不管他说的想法有多么行不通，都不要打击他。

弹性思维就是要让孩子知道，任何想法都是有价值的，这样才能激发出更多的想法。如果在这一步充分地做加法，下一步就要筛选解决方案，做减法。

组合性思维，创造力的最终呈现

创造就是新的排列组合

组合性思维是创造思维中最常用的，是指把两种或两种以上的东西结合起来，组成新的东西。因为我们的大脑很难想象出没有见过的东西，所以即便再有创造力的人，也一定是从身边所看所感中汲取信息，重新组合，再创造出新的东西。

我在前文中提到的日本设计师，在设计出一个好用的调料瓶时，体现了很强的创造力。比如，瓶口处的弧线设计更方便抓握，这个创意就是借鉴了人的腰身和可乐瓶的瓶身进行设计的。

比如，调料瓶需要倾斜才能倒出东西的设计，灵感则来自日本的添水（竹子水管）和洒水壶的创意。

把各种东西的特点组合在一个调料瓶上，就是一种创造力的体现。

拼一拼，锻炼创造力

我同事月希妈妈给我推荐的绘本《跑跑镇》，就是训练孩子组合性思维的。这本书利用墙角的空间转换，把两种东西组合在一起，形成一个新东西。这本书本身就很有创造力。

比如，老奶奶和扫把撞在一起就变成了女巫，红宝石和苹果撞在一起就变成了石榴。(如图 73、74)

图 73

图 74

每次翻开下一页之前都可以让孩子猜猜看，这两样东西撞在一起会组成什么新的东西。

这本书还特别能激发孩子的创造欲。看完这本书，我同事的女儿小月希（6 岁）自己模仿书的思路创作了一本《跑跑镇》。她画了很多，给大家展示其中的一页。(如图 75)

小月希画的是：气球和箱子撞在一起，变成了热气球！这是多么妙的创造力啊！

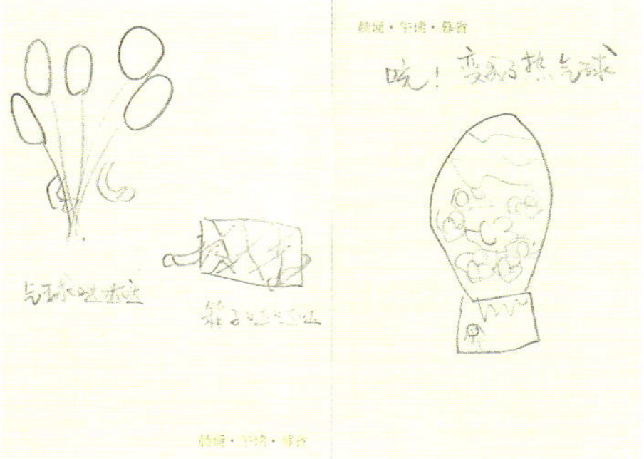

图 75

第4章

如何通过阅读绘本提升写作水平

进入作者视角，做好前写作准备

读得再多也未必会写

芊上小学以后，开始面临写作文的问题。即便她从 11 个月大就开始读绘本，到 7 岁时已阅读过 5000 本左右的绘本了，但是真正到了写作文的时候，还是写得一塌糊涂。刚开始遇到的问题就是不知道写什么，等知道了写什么了以后，写了两句话就又写不出来东西了，到后来好不容易能写成一个段落，整体叙事又很混乱。可见，绘本的阅读量再大，也未必能够体现在写作上，阅读和写作确实需要两种不同的思路。

读绘本的时候，孩子的焦点大部分集中在故事情节上，而不是从写作的角度去看。就像看电影的人关注的是剧情和情感的共鸣，但是拍电影的人关注的却是某个镜头用什么机位、光怎么打，两种视角体现了完全不同的思维方式，很难互相迁移。

芊上学以后，在读绘本的时候我们会刻意选一些经典绘本重读，而重读的时候我选择从写作视角切入，给她一定的启发，让她可以将阅读所获转化到写作能力上。

连接孩子自身的生活经历

孩子 2 岁以后，我们就可以利用绘本先解决不知道写什么的问题。这个方法我是从国外老师教孩子们阅读策略时学到的。

他们的阅读策略很多，其中有一条叫“连接”，为了让孩子对绘本情节有更深入的感受，老师会要求孩子在阅读过程中，把绘本中的情节和自己的生活经历、其他绘本、新闻事件或历史事件联系起来。其中，“把绘本的情节和自己的生活进行连接”这条策略，既对阅读有帮助，又对写作有帮助。

比如，芊 7 岁时，我们重读了《蚂蚁和西瓜》，我刻意引导她与自己的生活经历进行连接。我问她：“你是不是昨天也在公园里看见了蚂蚁搬西瓜？”她回答“是”，还说：“公园里的蚂蚁和这些蚂蚁一样，也是排队运西瓜。”我们还一起找了找还有哪些画面前一天在公园也看到了。

我趁机说：“以后你要是观察到身边有什么小动物在做有趣的事，也可以像这个作者一样，把看到的事情写成一个小故事，或者画一本绘本。”

随着孩子生活经历越来越丰富，就可以和绘本找到更多的连接点。

芊上幼儿园的时候，突然从某一天开始去哪里都不想光脚，必须时刻穿着鞋，有时候我们去上兴趣班，需要大家坐到地垫上上课，她死活都不脱鞋上去，我一直也问不出原因。

直到她 6 岁的时候，我们读了一本绘本《糟糕，身上长条纹了！》，讲的是一个小女孩特别喜欢吃青豆，同学们却都很不喜欢吃青豆，所以她又开始假装自己不喜欢吃青豆，结果她的身体因为隐藏自己真实的想法而发生了一系列异想天开的反应，直到她最后吃了青豆才又恢复正常。(如图 76)

图 76

这本绘本讲的其实是很多孩子包括大人都会遇到的问题：当你喜欢做的事和大家不一样时，你还敢不敢坚持做自己？

看这本绘本时，我问 6 岁的芊："你有过类似的经历吗？"芊说："我上幼儿园大班的时候，有一次睡午觉起来后没穿袜子和鞋，我们班的某某就一直说我是'光脚怪'，我后来就再也不敢光脚了。"

我恍然大悟，原来这就是她一直不愿意当众脱鞋和光脚的原因啊！

我跟她说："我觉得这个作者跟你的经历好像啊，她写这个故事估计也是因为小时候喜欢吃青豆被同学笑话来着，如果你哪一天也像她一样又敢吃青豆了，你就可以把这段经历写成一个故事，你的方法肯定也能帮助其他有类似经历的小朋友。"

运用"连接"这个方法，最重要的就是用绘本去触发孩子自己的生活经历，引导孩子分享这些经历带给他哪些感受或者还有哪些解决办法。这样，他们读完绘本再想象发生在自己身上的事，就可以为将来的写作积累素材。

观察场景变化，理解场景是为故事服务的

孩子刚开始学习写作的时候，不必要求他运用多少拟人、比喻的手法，或者多少华丽的词汇，能够完整把一个故事讲好、讲得有意思，反而更动人，等基本功练好了，再去提高写作技巧也不迟。所以，刚开始的时候只需要把握好三个要素：场景、事件、细节。这三个要素都可以从绘本中学到，下面先说场景。

找到故事发生的场景

事情发生在什么地方，是什么时间发生的，当时是什么样的氛围，这些都可以放在对场景的描述中。

我们随便拿起一本绘本，每一页都可以找到故事发生的场景。比如，《我们要去捉狗熊》，讲的是一家人从家出发，经过草地—河流—泥地—树林—雪山—山洞去猎熊的故事。(如图 77)

我给芊读的时候，会让她去找每一页的场景，我会问她："人物现在走到了哪里？"她会指出草地在哪里、河水在哪里等。

类似的阅读方法适合孩子 2 岁左右时用，在有场景的地方就可以问孩子："这是什么地方？"让孩子有意识地去发现和关注。

图 77

场景是为故事服务的

在选择场景时还有一点是非常容易被忽略的，这也是国外老师在给孩子讲阅读场景时特别强调的一点，即场景和故事情节是互相影响的。

2018 年，我带芊去日本旅行，第一天到了福冈，晚上她在酒店写了一篇日记。“今天我想喝星冰乐，一出门左手边就有一家店，结果我们都往右边走，走了很远找到了一家店，回来后才发现原来门口就有一家。”

我点评芊的日记时说：“你写的事情很有意思，但是没有场景，这件事发生在哪里呢？如果是发生在咱们家门口，那大家就会奇怪，为什么你自己家门口的事你还不知道呢？”芊又补充了场景部分，她写道：“今天我凌晨三点起床，我们一家要赶飞机去日本。下了飞机我们在酒店睡了一会儿，睡醒后我想喝星冰乐。因为对路不熟，我们一出酒店就往右走……”

加入场景后，发生的事件和场景联系起来，读者一下子就可以看明白，原来主人公是去旅行，是在国外，所以才对路不熟。

在读绘本的时候，不要单纯地停留在让孩子认清地点上，也可以让孩子留意场景和故事情节的关系。

找到文字和场景的关系

在《我们要去捉狗熊》这本书中，一家人在过草地时，会发出窸窸窣窣的声音，我问芊：“这是什么声音？”芊说：“踩在草上的声音。”

翻过这页后，一家人要过河，芊自己主动说：“哗哗啦啦，就是他们过河时踩水的声音。”孩子已经主动把画面里的信息和场景联系了起来。（如图 78）

图 78

对比不同场景，发现细节

《阴天有时下肉丸》这本书里的情节基本就是在描述场景。它讲的是一个每天都会从天上掉食物的小镇，从刚开始的幸福演变为一场灾难，最后小镇居民不得不寻找新的家园的故事。

图 79

第一页的场景画的是一个普通小镇的场景（图 79），文

图 80

字部分也是对这个小镇的描述，主要描述普通小镇该是什么样子的。

接下来描绘小镇每天下的食物是什么样的，我会让芊对比普通小镇的场景来看。比如，这个小镇电视里播放的天气预报不是天气而是食物。而且，他们的衣柜里还有各种不同的餐具，显然他们每天穿衣服出门时，还要选择不同的餐具（如图 80）。

芊还发现，小镇的餐厅没有房顶，这样天上掉食物的时候，就可以直接掉在餐厅里了（如图 81）。

图 81

好的场景描写（画）要为故事情节服务，该场景发生的事情都和场景中的细节有逻辑关系。读的时候，可以多问孩子一句：“为什么在这个地方会有这样的东西 / 人 / 氛围呢？”这样，孩子将来在写作时就不容易遗忘事情发生的场景和细节了。

巧用便利贴，掌握事件发生的顺序

运用整合能力，找到叙事顺序

上小学后，学校要求写的第一篇作文通常是叙事文，叙事文中一定要具备事件的开头、经过和结尾。读绘本的时候可以让孩子找出叙事顺序，为以后的写作打基础。

故事性强的绘本都有开头、经过和结尾三部分，不过，可以等孩子5岁以后再尝试寻找绘本的三个部分。因为5岁以前孩子的大脑只是对细节有加工的能力，5岁以后才开始有整体加工的能力。

我们可以回忆一下，如果就绘本的某一个故事情节问孩子，比如，小猪喜欢和谁做朋友，孩子可以回答上来，但是如果问他，这本书讲的是什么，孩子可能就回答不出来了。

归纳总结能力是一种高阶思维，需要大脑对信息进行整合后再提炼，孩子在小时候其大脑是处理不了的。

便利贴是提炼顺序的利器

之前我用的是一些低幼绘本，故事结构非常清晰，很好辨别。我用一本《小猫咪追月亮》来举例。这本绘本讲的是一只小猫咪看到满月后以为是一碗牛奶，于是用各种办法想要喝到这碗“牛奶”。

我给了芊三张便利贴（带黏性的那种），让芊把故事的开头和结尾先找到，然后在那页贴上相应的便利贴，并画上一幅画代表这页发生的事。

图 82

芊在第 1 页贴了一张“开头”的便利贴，上面画了一个小猫咪看月亮的样子，脑袋里想的是喝牛奶。（如图 82）

图 83

结尾贴在了最后一页，小猫咪为了追水里月亮的倒影，掉进了河里，但回家后主人给了它一碗真正的牛奶。（如图 83）

我又让芊选了其中一页作为故事的经过，芊选的是中间的一页，画的是小猫咪正在追月亮。（如图 84）我问芊：“你选的猫咪站在台阶上扑月亮，这是小猫咪追月亮的其中一种方法，还有其他方法吗？”芊往后一页页地翻，看到小猫咪一直跟着月亮追、后面还爬树追……等她看完以后，我告诉她：“你

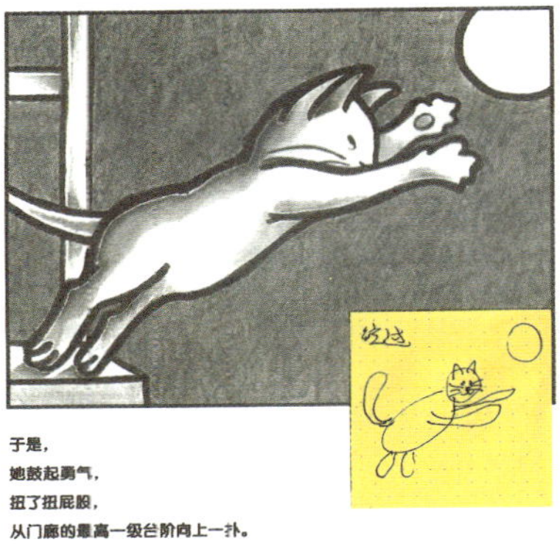

图 84

刚才看到的这些都是小猫咪追月亮的方式，这些方式就是事情的经过。”

接下来，我们把三张便利贴都取下来，芊很清晰地看到了故事的开头、经过和结尾。

图 85

家长刚开始带孩子做的时候，可以找一些结构简单的低幼绘本，比如《好饿的毛毛虫》《有个老婆婆吞了一只苍蝇》等，这些绘本叙事顺序都特别清晰，可以每周拿出一本给孩子重读时做小练习用。

多练习，就算倒叙也不怕

经过一定时间的练习，芊 8 岁的时候，已经可以在复杂甚至有倒叙的故事情节中，找到真正的开头。比如，《妈妈的红沙发》这本书，讲的是一家人住的房子着火了，她们搬到新房子后，重新努力攒钱，买一张新沙发的故事。

故事的开头并没有直接说着火的事情，写的是小女孩在妈妈工作的餐厅打杂，每次赚的“工钱”都存在一个大瓶子里，还讲了一些她们存钱的细节。（如图 86）作者用倒叙的方式设置了一个小悬念，让读者猜她们存钱要干什么，后面才引出存钱是因为

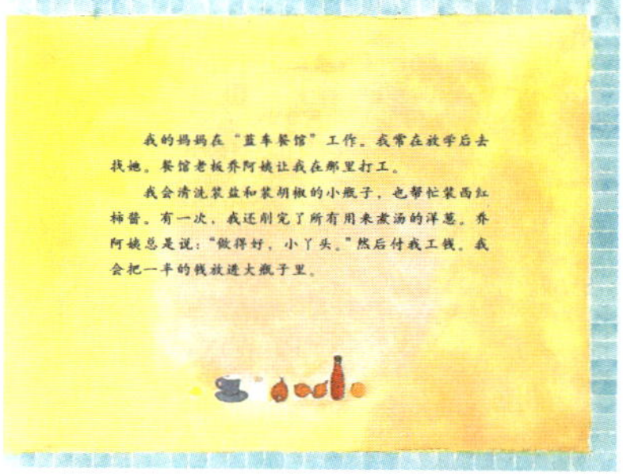

图 86

图 87

房子被烧了，需要买新的沙发。（如图 87）

芊用便利贴贴出来的故事里，开头是一场大火把家里的椅子、沙发……所有东西全烧光了。

芊掌握了一个要点，即叙述一件事时，并不见得一上来就一定写事情的开始，事情真正的开头往往是这件事的起因，而经过就是问题解决的过程，结尾就是问题解决的结果。

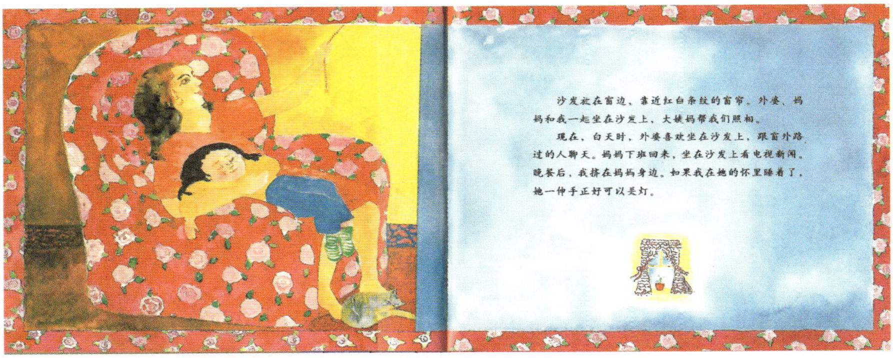

图 88

至于故事的结尾，芊将便利贴贴在了她们终于攒够钱买了沙发。（如图 88）

图 89

关于事情的经过，我直接让她按照时间发展的顺序去贴便利贴，并用数字标注出来。她总结道，事情的经过也基本是按照场景的变化展开的。家里着火—搬新家后邻居送家具（但没送沙发）—她们攒够了钱，去银行取钱—去家具店挑沙发—把沙发搬回家。

利用“五感”阅读，让写作充满画面感

细节来自“五感”

当孩子能够写出事件的开头、结尾后，就有了故事的大致框架，这时就可以让孩子往框架里填充细节了。

一般老师会教孩子，细节可以让作文更生动。而国外老师会说，细节的作用是让读者读到你文字时可以在脑海中想象出画面，给读者以画面感。

我在引导芊找绘本的细节时，都是先让她找到故事的开头、经过和结尾后，立刻让她找细节。比如，仍以《妈妈的红沙发》为例，芊找到开头、经过和结尾后我问她：“开头家里被大火烧了后都有什么样的细节呢？”芊找到后说：“有消防车，有邻居围观，有妈妈和‘我’当时的对话，有‘我’看到房子被烧焦后的样子。”（图 90）

图 90

图 91

关于事情经过的细节描写，芊找的是关于她们存够钱的细节。比如，存钱罐很大，而且快存满时会变得很重，“我”拿不动了，只能让大人把“我”举高，才能把钱塞进去。（如图 91）

这本绘本里的细节描写让我即使不看图，也能脑补出整个画面。我问芊：“如果有本绘本没有图，作者写‘我们买这个沙发需要存很多钱’，或者写一些关于存钱的细节，哪一个描述更能让你脑补出画面呢？”芊说：“肯定是有细节的啊。”这样一对比，孩子就清楚地知道有细节和没有细节的区别了。

通过“五感”激发想象，提升阅读技能

具体怎样写细节呢？可以在读绘本的时候注意作者是怎么描述细节的。也就是我们在读绘本或文字书时，在脑海中想象出画面，这也是国外老师阅读教学策略中很重要的一环。不过脑补画面不仅可以从视觉入手，还可以通过“五感”去想象，也就是视觉、味觉、听觉、嗅觉、触觉。

比如，《是谁嗯嗯在我的头上》这本绘本，讲的是有人把大便拉在一只鼹鼠的头上，小鼹鼠要找出到底是谁的大便。读完书名后，我问芊：“‘嗯嗯’是什么？”芊说：“臭屎。”我问：“你怎么知道的？”芊说：“因为封面图片上有臭屎，拉臭屎时一定是‘嗯嗯’使劲的声音。”

顺着封面上的思路，我带芊玩起了配音游戏，我让她读到每一页都自己想象一下动物大便落在地上的声音。芊开始调动她的听觉经验说：“我的‘嗯嗯’是这样的——啪。”

到了马这一页，她配音说“咚，咚，咚”，还很有节奏。（图 92）

图 92

读绘本时调动“五感”去读，就是在帮助孩子积累丰富的画面和场景，以后过渡到写作时，孩子会尝试从这五个角度去思考事件的细节，比如孩子会想“我看到了什么，听到了什么，闻到了什么”等。

比如，《月下看猫头鹰》这本绘本，很多老师教细节写作的范文时都会用到。故事其实特别简单，就是一个小女孩的爸爸带着她去找猫头鹰。开头就是他们出发去找猫头鹰，经过就是找猫头鹰这一路上的细节，结尾就是他们找到了猫头鹰。

我让芊找细节，芊说她看到故事中的爸爸怎样学猫头鹰叫，以及发出了什么样的声音。比如，找猫头鹰的路上很冷，作者写的细节是，“我的鼻子，我的脸颊，里热外冷，冻得发疼”。

我跟芊总结这些细节时，还让她分类：哪些细节是小女孩看到的东西，哪些是她听到的声音，哪些是她闻到的气味，哪些是她的触感，哪些是她尝到的味道。我还试着让芊找出书中“我”的心理活动。芊说：“‘我’冻得发疼，但是一句抱怨的话也没说。”“出去看猫头鹰，一定要安静，一定要坚强。”

细节描写通常包括“五感”描写和心理活动描写。有了对这些细节

图 93

描写的观察，等孩子自己写作文时，就可以针对这些点去展开。我参考国外老师教孩子写细节的一个模板，做了一个中文的小图表，写作文时可以让孩子先根据表格中提示的内容填好，再把它们串起来，写通顺就可以了（如图 93）。

小结

在使用这些阅读策略时，有几个要点要注意。

①各个年龄阶段只是大致的划分，实际上要根据孩子的理解力灵活应变。提出问题后孩子如果答不上来，可以降低难度。

②针对每本书的问题要有选择性地问。孩子小的时候，我一般一本书只挑 1 ~ 2 个点去问，要注意孩子的注意力时间，把握好全书的阅读节奏。如果孩子不想答也不要勉强，我们可以自问自答，给孩子示范，孩子慢慢就愿意答了。

③实际问问题的时候，绝不是考孩子，那样不出一周，孩子就再也不想读绘本了。可以以请教的语气问，比如："妈妈怎么不明白，你帮妈妈找找。"或者："咦，他为什么这样啊？"或者："你有好的办法吗？"

④不管孩子的答案是什么，都不要做评判。任何绘本都没有标准答案，要保持问题的开放性，带着讨论的心态去提问，要发现孩子答案中的亮点，表扬答得好的地方，然后再说我们的观点，既要肯定又要启发。

乐高积木篇

第 5 章

拼搭中提升思维能力

乐高——锻炼综合性思维最好的玩具

在我给芊买的所有玩具中，至今仍可以做到每周至少玩 2 次的玩具只有乐高。芊从 2 岁开始接触乐高，现在报了专业的乐高培训课。我经常旁听她的课，每次在乐高老师从一个主题开始，到最后搭建的整个讲解过程中，我都深深地感受到乐高所锻炼的综合能力是其他玩具难以企及的，或者说乐高已经远远超出了“玩具”的概念范畴。

就拿芊搭的最简单的一个小风扇来说，看上去很简单，一个马达带着 2 个扇叶旋转，但实际搭建时需要有很强的读图能力。（如图 94）因为对一些隐藏在内的小块件，以及每个块件之间的衔接都需要很强的空间想象力。（如图 95）

图 94

图 95

在搭建过程中，需要选择合适长度的轴和栓进行连接，需要运用数学中的测量和计算能力。图 96 中上图用了 2 个单位的轴（红色的是轴），下图用了3个单位的轴（图中灰色部分），因为加了一个酒红色的块件（宽度为1个单位），所以轴也要加长1个单位才可以。

怎样让搭建物更加牢固，需要运用初步的工程思维，比如图97就用到了互锁结构。

风扇之所以能够转动，用的是齿轮传动的机械原理。如果想让它转得更快，就需要运用齿轮的加速原理；想让它转得更慢，就需要用到减速原理。

芊去掉了一个扇叶，然后把它放在中间，变成了一个幸运转盘的玩法，这就需要想象力。（如图98、99）

在整个搭建过程中，遇到的所有问题都是对孩子解决问题能力的一次最佳锻炼。

以上只是一小部分例子，玩乐高对背景知识的运用，对语言表达能力等都是一种综合的锻炼。

图96

图97

图98

图99

用乐高进行测量

玩乐高可以锻炼测量思维。每个乐高块件的精度都是非常准的，可以用一些带孔块或者长块件做尺子，让孩子测量出匹配的单位块件再选择合适的块件。

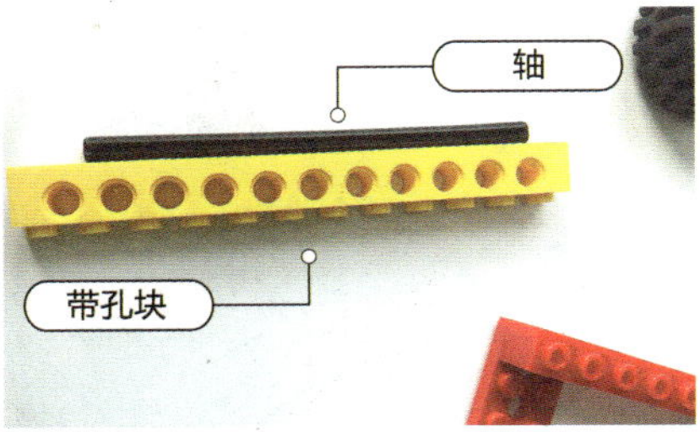

图 100

图 101

现在，芊找块件时已经形成了测量的习惯，比如想搭建一辆小车，车架用的扁砖块长度是 8 个点（指乐高上的 8 个点），那么想用一个轴连接 2 个轮子就需要用长 10 个点的轴，左右两边各多出 1 个点来连接车轮。

通常芊会用一个带孔的块件当尺子，轴（黑色）和第 1 个孔对齐，有多少孔就代表这个轴是几个单位的长度，所以图中这根轴是 10 个单位长（如图 100）。

图 101 中的车架是 8 个单位长，刚好轴上可以一边露出 1 个单位连接轮子。这个过程既涉及计算能力，又涉及测量能力。

用乐高进行多维度比较

乐高还可以锻炼比较思维。比如，孩子想搭一座“埃菲尔塔”的造型。如果在打底座的时候选择 4 个基点的位置，当把 4 个基点集中放置时就会发现用的块件数量少，搭出来的铁塔很小（如图 102）。

反之，把 4 个基点扩散一些放，用的块件数量就多，搭出来的铁塔便大一些（如图 103）。

在这个过程中，孩子对数学中的数量、大小以及空间方位中的远近等多个维度进行了比较。

图 102

图 103

用乐高找规律

玩乐高还隐含找规律。找规律是一种非常重要的思维能力，孩子上学后每个学科都会用到。在搭建乐高的过程中，对数学规律的运用无处不在。

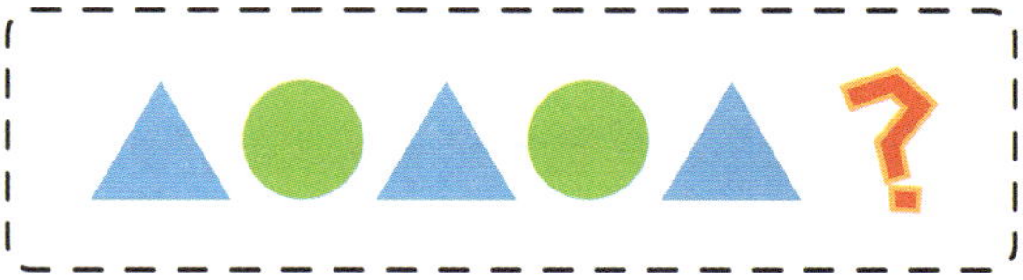

图 104

孩子们在幼儿园大班阶段会做图 104 这样的思维题，正确的答案应该是圆形，如果把这个规律写成数学公式，就是 ABABABAB，简写为“AB 模式”。

图 105

芊在搭乐高时，刚开始就是随便搭配颜色，显得很乱，后来我引导她按照某种规律来配色。比如，搭两根柱子时，就可以用红蓝、红蓝、红蓝这样的规律来搭配。（如图 105）

图 106

想让孩子搭一个镂空的正方形，要求形成牢固的互锁结构，孩子就会发现，只要让蓝色和红色块件的搭建方式一层一层交替出现，就可以互相锁住了。（如图 106）

在搭建过程中，让孩子善于发现、总结和运用规律，是对数学思维的一种极好的训练。

照步骤拼搭，提高抽象思维和空间思维能力

芊刚开始接触乐高积木的时候都是以“家庭”系列为主，“家庭”系列有各种主题，有步骤图，孩子可以照图拼搭。乐高的步骤图不像一般玩具的说明书那样需要孩子有很强的读图能力，孩子很容易看懂。

最直接的训练——对乐高专业块件的辨认能力

5 岁之前的孩子几乎都以玩大颗粒的乐高为主，这时让孩子叫出每个块件的专业名称也许比较难，所以每次看步骤图的时候，我会大概让芊从图片上分出用的是什么颜色以及什么形状的块件。

3 岁的时候，芊在让我帮她找乐高块件时，就会描述得比较具体，“妈妈，我要蓝色的长方形块件”，诸如此类。看步骤图的同时，可以让孩子对基础形状、颜色进行认知，同时锻炼孩子的精确表达。

乐高大颗粒的块件很丰富，比如图 107 中从左到右依次为长方块、鸟嘴块、半圆块、小方块，弧形块，等等。

图 107

随着芊渐渐长大，我开始引导她说专业名称，如果她说红色的、长方形、有点弯的块件，我就故意找得很慢。等我找到以后，我会说：“这个是‘鸟嘴块’，下次你跟妈妈说‘鸟嘴块’，妈妈一下子就能明白了。”慢慢地，就开始过渡到能全部说出块件的专业名称了。

不同的块件发挥着不同的作用，芊 5 岁以后开始学习乐高“教育”系列的搭建，“教育”系列中有很多包含机械或工程原理的特殊块件。比如，同样是长方块，有长形带孔块和普通的长方块。

刚开始玩的时候，芊没有仔细观察步骤图，图 108 中的两个长方形块件随便拿，后来搭的时候她发现普通块件没有孔，无法插入乐高轴，这才又仔细观察步骤图，找出了区别，并从此知道，原来不同的块件有不同的作用，如果做轴和齿轮的组合，就必须找到带孔的块件。（如图 108）

图 108

对抽象符号的理解能力

我之前看过一本书叫作《创造力的起源》，书中说人和动物最根本的差别之一，就是人可以读懂并设计符号，因为人的大脑有动物所没有的抽象思维能力。很多科学家如物理学家、数学家的抽象思维能力都超强，

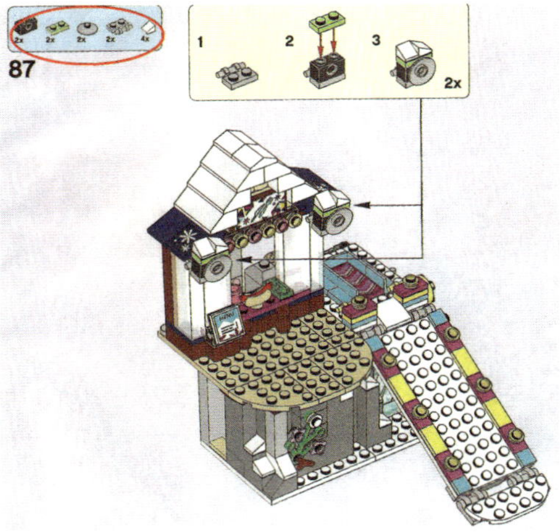

图 109

而读懂步骤图是对孩子抽象思维能力的一个很好的训练。

比如，搭建乐高“好朋友”系列，芊 4 岁刚开始看步骤图时，我一般不直接告诉她上面的符号代表什么。我会问：“如果你想找到搭这页的东西，你要用什么乐高块件？”芊开始观察，然后指了指图 109 左上角的图片，并按照图片开始找，一样找一个。

她想继续搭时发现块件不够，我又让她仔细看左上角的图，我问芊：“你觉得旁边的数字是什么意思？”芊说是要找两块绿色的乐高块（指着红圈中的绿色块说）（如图 109），她明白这个数字代表所需块件的数量和颜色。

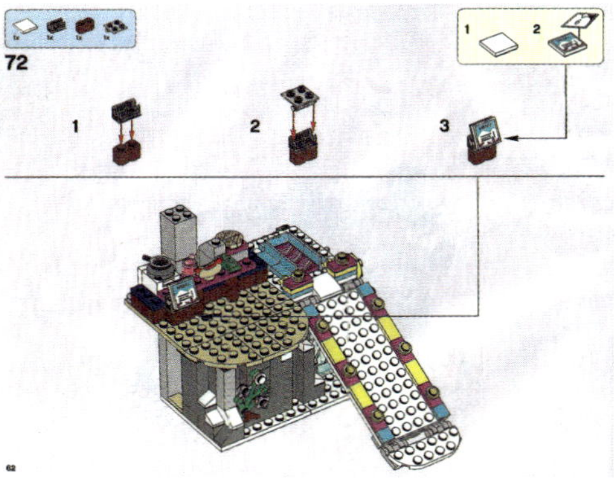

图 110

步骤图中也会有很多符号，比如图 110 是步骤套步骤，第一排是小菜单架的 3 个分解步骤，第 3 步又分解为了 2 步，装好后，再照图把它装在灶台旁的位置。这就需要孩子自己解读这些箭头符号的顺序和指示位置，完成搭建。

空间思维能力

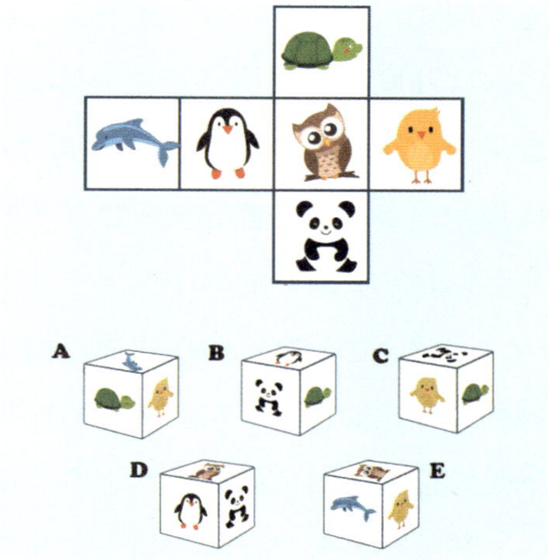

图 111

看步骤图搭建乐高的过程，需要在大脑中把平面结构转换为立体结构，其中运用的就是空间思维能力。大家是不是见过这样的数学题：给孩子一个正方体打开后的平面图，让孩子选择将它折成正方体以后的样子（如图 111）。

孩子大脑接收的视觉信息是平面的，他需要在大脑中进行三维空间转换，旋转和移动图画后才可以想象出折成正方体后的样子。

图 112

芊 6 岁以后，很多时候已不再照着步骤图搭建了，那些分解清楚的步骤图，大多数时候就是一个成品图，只不过这个成品图是从不同的角度拍的。比如图 112 左图是正面，右图是侧面。她如果想搭建出来，必须根据平面图，把立体的乐高块件进行旋转或连接才可以。

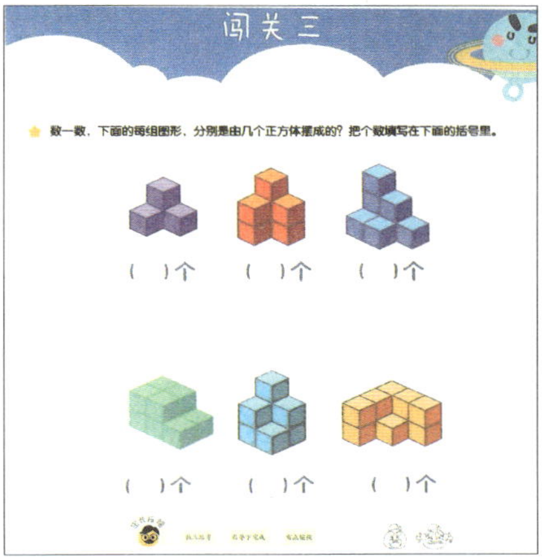

图 113

幼儿园和小学有很多数学思维题是这样的。比如，有这样一道题（如图 113）：“数一数，下面的每组图形，分别是由几个正方体摆成的？把个数填写在下面的括号里。”

这种堆叠方式使一些正方体被挡住了，对孩子来说，必须运用空间思维，加上有序思考，才能把堆叠的正方体个数正确地数出来。这个部分就是让孩子去想象被遮挡的部分，以及它们堆叠的顺序。

图 114

同样，在乐高步骤图或成品图中，有些块件是被挡住的，比如，问：从图 114 的深蓝色块件下可以看到是浅蓝色和黄色的块件，它们是什么形状的呢？

孩子在脑海中推演和想象被遮挡的部分，他们脑海中的图就像图 114 呈现出来的那样，在这个过程中可以强化空间思维能力。

如果孩子的读图能力强，证明他的大脑具有很好的抽象思维能力和空间思维能力。

图 115

如果没有步骤图，就需要孩子具备很强的空间思维。比如，有一次，芊用一个镂空的正方体搭建了一个杯子，但是想搭出杯子的握柄，就需要孩子有空间思维，就像下面图片中的搭建顺序一样。首先，杯子的握柄要向右侧延展出来一部分，然后向上延展，再向左侧延展（图 116）。

图 116

我跟乐高老师聊天时，老师曾告诉我："如果孩子想自己设计并搭建出某种东西，需要很强的空间思维能力。"比如图117中的车架，如果想在车架上搭一个螺旋桨，孩子首先要思考螺旋桨该往哪个方向延展，再思考如果向这个方向延展，要用什么样的块件去连接才能实现。

图117

在图118中，黄色的是一个带十字孔的轴，如果插上一个蓝色的栓，就形成一个直角，其他块件可以往左边和下边两个方向去延展。

同样是这个黄色的带十字孔的轴，如果插上一根黑色的轴，形成了一个T字形，就可以往左、右、下三个方向延展。可见，很多块件起到的是延展空间的作用。（如图119）

总之，搭建乐高，可以培养孩子对空间的敏感度，训练孩子的空间思维。

图118

图119

通过乐高搭建培养数学思维

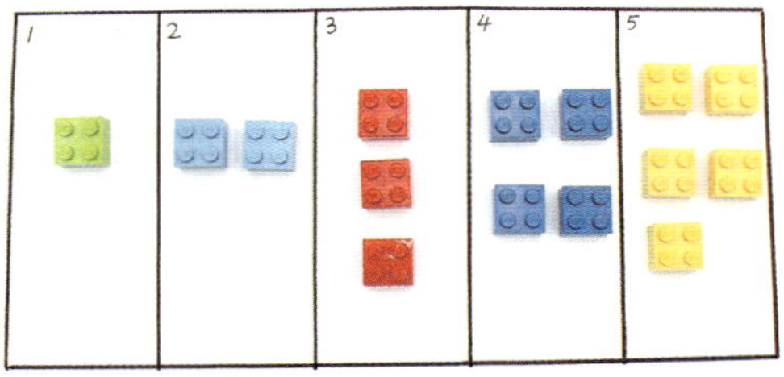

图 120

最开始带芊玩乐高的时候，我有意把乐高变成数学教具。比如，画出 1 ～ 5 一共 5 个格子，让芊在每个格子里摆上对应的块件数量。（如图 120）

再比如，用乐高搭出数字 0 ～ 9 让芊学习。（如图 121）

随着孩子对乐高的深度学习，我发现乐高搭建本身就离不开数学，处处都需要运用数学思维去解决搭建过程中遇到的问题。

图 121

乐高中隐藏着数学

为什么在乐高搭建中会运用到数学思维呢？我在看《乐高搭建指南》时找到了答案。书中说（大意）乐高集团之所以在竞争中能屹立不倒，就是因为他们生产的每一个乐高块件的精度都特别高，这个精度不亚于一架飞机零部件的精度。

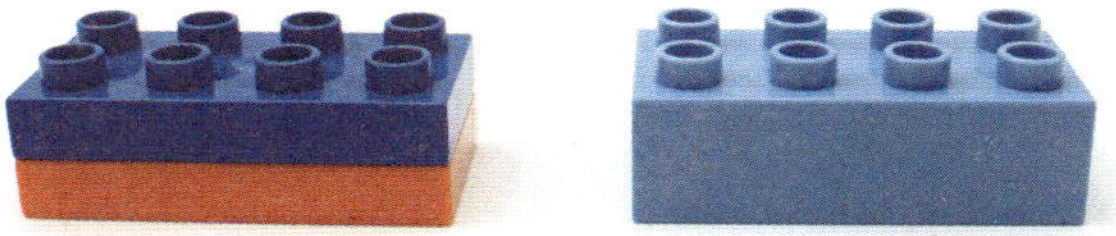

图 122

所以，乐高的各块件之间都是有比例关系的，而且非常精确。比如图 122 中，2 个薄片块件（左）搭起来的高度刚好是 1 个块件（右）的高度。

有一次上课，芊想把“臂”和“轴栓连接”这 2 个块件用灰色的轴连接起来，这时乐高老师教芊：“你把轴放在这 2 个块件的边上，如果轴的长度刚好和它们一样长，这个轴就是你要找的。”这体现的就是数学中的测量概念。（如图 123）

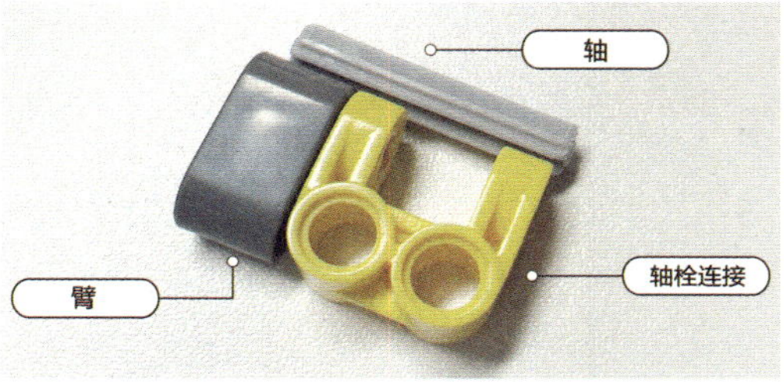

图 123

当孩子会计算以后，可以告诉他，一个块件的宽度就是 1 个单位，那么这个轴就是 2 个单位长度的轴。所以在搭建过程中，计算能力可以说是最常用的。

芊每次找块件的过程无形中都进行着计算。比如找正方形，芊要数出横竖两列都是 2 个凸点的块件，也就是 2×2 的块件，如果是长方块，就是 2×3 或者 2×4 凸点的块件。（如图 124）

通常，专业的乐高老师都会教孩子数点，相当于每个点就是 1 个单位，这样孩子拼插的时候，就需要计算预留几个点的位置。

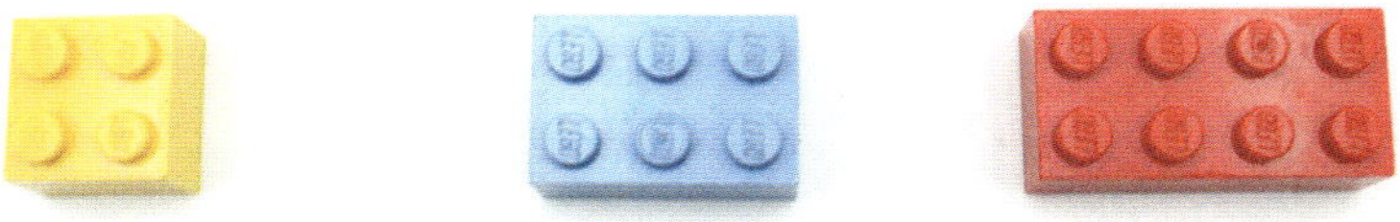

2×2　　2×3　　2×4

图 124

图 125 中，下面的橘色砖块都是 8 个点，左图可以用两个 4 点的块件和它完全重叠搭建，右图也可以用一个 2 点和一个 6 点的块件组合搭建成 8 点的块件。

图 125

学会联想思维，拥有创造力

刚开始带芊玩乐高的时候，只需给她一个原型，让她照着搭就行，如果让她自己搭，她什么也想不出来。身边很多朋友也对我说，不照着别人的样子搭，孩子什么也搭不出来。

后来我从国外老师教的美术课中找到了突破口。国外老师在刚开始教孩子画画的时候，很少要求孩子画像样的东西，通常都是给他们提供一个模板，比如一个小人，让孩子用各种艺术材料去装饰。（如图 126）

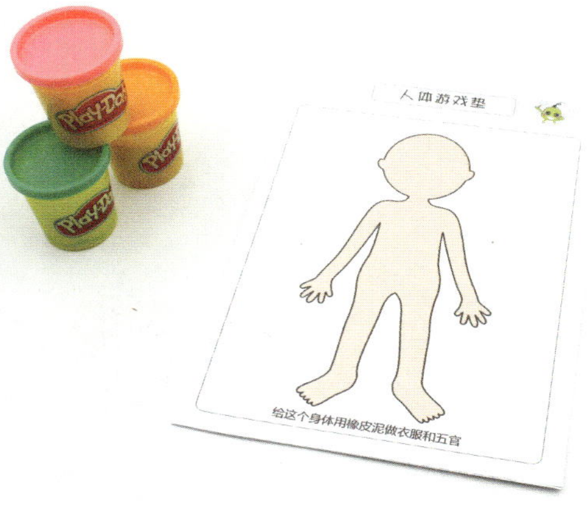

图 126

因为大部分学前的孩子手部控制能力和建构能力不够，这个时候为了让孩子有独立思考的空间，老师通常会让他们多做装饰性的活动，孩子可以自由地选择颜色、样式、材料等。

图 127

受到这一点的启发，我在带芊搭乐高的时候，都是先给她一个原型，然后让她从某个细节入手进行装饰。芊 6 岁时我们搭过一个“光影舞台”（如图 127），这是我找出的一个可参照的舞台创意。

搭建之前我会建议芊：“这个舞台可以用你自己喜欢的颜色，或者加点什么元素进行装饰，比如，你可以把小树换成自己喜欢的小动物等。不用跟这个一模一样。”

芊听了后自己挑了喜欢的颜色，还找了两块透明块件，想作为幕布前面的灯。

图 128

等舞台搭建好以后，芊和爸爸上演了各种戏码，这个环节也可以充分发挥孩子的想象力。（如图 128）

刚开始引导的时候，给孩子一些明确的思路和提示，并不是让他干巴巴地想，很多时候孩子只要顺着这个思路就能发挥得非常好。

芊 6 岁时已经有了一定的乐高搭建技巧。接着，我让她进行联想搭建，即从一个搭建物去联想和它相关联的

图 129

东西都有哪些，这些都可以成为搭建的灵感。

我会建议芊：“有了舞台是不是还要有观众啊，观众在哪里观看呢？”这时她就会用自己的搭建想法来“安置”观众了。她用的是之前学到的阶梯搭建法，即搭了一个阶梯式的看台，还在最顶端的位置装饰了旗杆。（如图 129）

我顺着这个思路一步步提示她，比如有了观众后，要在哪里买票。我给芊提供了这些思路后，她就会利用乐高搭建技巧或者特殊块件的特点来实现自己的想法。比如芊搭的售票窗口，用的门窗的块件，就是利用了门窗可以开合的特点，这个想法就是她独立思考的结果。

图 130

后来不用我提示，她自己搭建了自动售卖机，还有排队的人群，等等，这些搭法一看就是我们带她去看电影时她观察到的。（如图 130）

还有一点，刚开始给孩子提示时，孩子的想法并不多，这时家长不要着急，可以一步步来。如果孩子有想法，却不知道该怎么搭，可以带着孩子一起想办法。这样试试，那样试试，觉得哪种好……多给孩子一些独立思考的机会，而不是直接给出答案，这样孩子才会养成独立思考的习惯。

拥有迁移能力，才能搭出原创作品

学以致用靠迁移

有一次，芊的绘画兴趣班主题是建筑，老师让孩子们根据建筑物的横切面结构设计新用途。芊在班里年龄最小，思路跟不上大孩子，一整节课下来什么都想不出来。

回家以后，我找了一些建筑类的绘本给她看。第二次上课前我问她："看完那些建筑书，有想法了吗？"她还是说没有，因为那些书讲的内容都没有与建筑的横切面相关的。

没有相关内容，就无法从建筑书中找到灵感，是因为她的迁移能力不够。

所谓迁移能力，就是把已有的知识应用到新问题上。比如，芊能从书中读到建筑的基本结构、外观、用途这些知识，那么再去创造一个新作品时，就可以从这些角度思考：我的建筑结构是什么样的；我想用它做什么；如果做这个用途，该让它拥有什么样的功能，等等。

这属于高级思维能力，我在引导芊时的很多学习方法，其实最终目的都是希望她拥有对知识的迁移能力。

这种能力是最难获得的，因为理解知识对孩子来说已经很难了，而迁移能力需要孩子能够洞察知识的底层逻辑，也就是说，在两个看似毫不相关的事物上，发现它们底层逻辑的相似性，这样才能把所学知识运用到新的创作上。但我发现芊在玩乐高的时候，会经常运用这种能力。

图 131

有一次玩乐高时，我找了一个用乐高搭成门洞的创意，配合小球玩，小球滚进不同的门洞，会得到相应的分数。而芊搭出来的是图 131 这样的，乍一看好像跟创意原型完全没有关系，其实是她把其他玩法迁移到了原型上。

她搭的这几个造型也需要让小球到达终点，其中有两个保留了原型，做成了门洞式（如图 132）。其他三个则用了乐高积木里的轨道块件，把门洞换成了轨道（如图 133）。

规则也从之前的用手滚动小球入洞，改为用吸管吹着小球走，直到小球到达轨道的顶端才能得分（如图 134）。

图 132

图 133

图 134

最奇怪的是，她搭的小兔门洞，左右两边的门洞大小是完全一样的，分数却不一样，左边蓝色块是 0 分，右边黄色块是 3 分。也就是说，2 个相同大小的门洞，却代表不同的分数，这是为什么呢？

这是因为我之前对她的引导，让她产生了迁移能力，接下来我会从头说起，为你揭晓答案。

手把手教你引导孩子的迁移能力

首先，每次我在找一个创意原型带芊玩之前，都不会急于让她马上动手搭，我会让芊先观察原型的一些特点。

比如前面说到的门洞造型，我会让芊观察每个门洞上的得分，我对她说：“你要注意，上面的分数是不一样的哦，你搭的时候要想想为什么分数不一样。”

图 135

芊带着这个小问题，把 5 个门洞做成了分离式，而且将 3 个门洞都改成了轨道式，每个上面都有分数。（图 135）

图 136

在整个游戏中，她设定 10 分为最高分，谁挑战这个轨道成功了，将得到 10 分的高分。（图 136）

难度等级是根据弯道的长短和高

度设定的，从右往左依次是5分、7分和10分（图137）。

我特意问她：“你对分数是怎么设计的？”芊说：“越难完成的分数就越高。”这说明她思考了我之前留给她的问题，观察到了门洞越窄得分越高，但是她没有单纯地复制一些更窄的门洞，而是明白了这样设计的底层逻辑是越难分数越高，所以她设计了3个轨道玩法，增加了得分的难度。

图137

说回小兔子门洞，这其实是原创意中的模型，但为什么高度和宽度相同的2个门洞，左边的门洞设定为0分，右边的却是3分？

芊说：“因为我考验的是你对球控制的精准度，如果控制稍有差错，小球就有可能偏离3分门洞，跑进0分的球门。不准就不得分。”（如图138）

图138

我听了后恍然大悟，这不就是我们玩飞镖的逻辑吗！高分和低分是紧挨着的，考验的就是精准度。

芊还改变了小球的行进方式，改成用吸管吹球入洞。这是因为平常我们玩游戏时会不断变换花样，所以大家在家也可以引导孩子，从小细节上进行改变。比如改变某一种玩法，给

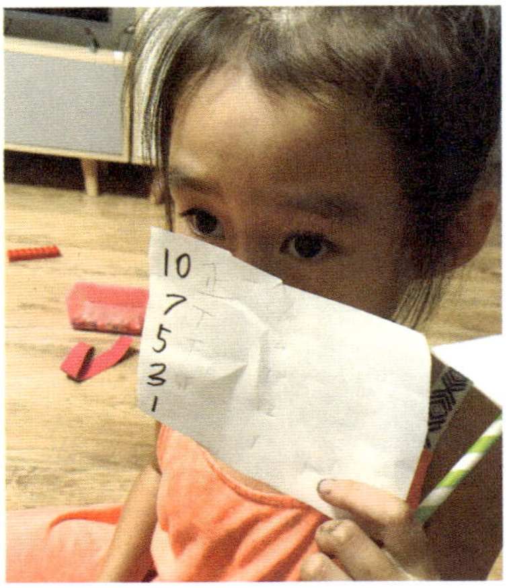

图139

孩子一些把已有知识运用在别处的机会。

我们每次搭建乐高或者玩游戏时都玩得很认真。所谓认真，就是要玩得有模有样，尽量把每一个环节都呈现出来。比如玩这个门洞游戏，既然是竞赛游戏，就要有计分系统。芊自己做了记分牌，把每一次进球的得分都用画“正”字的方式记录下来，最后比谁得的分数最多。

这样做的意义是，尽量让孩子体验一个完整的环节，每个环节之间该如何推进，各环节之间的逻辑关系是什么，当孩子有了深入的体验后，才有机会去发现底层逻辑，形成迁移能力。

第 6 章

最高级的思维是在搭建中解决问题

遇到的困难，会成为解决问题的契机

困难是锻炼解决问题能力的机会

我每次和乐高老师聊孩子的表现时，最喜欢听到的就是说芊比以前更有耐心，会尝试解决问题，有自己的想法了。这说明芊在把学到的知识加以运用，内化成自己的东西；同时说明她的抗挫能力在一点点增强。

我带芊在家玩的时候，也会向这个方向引导，每次的核心只有一个：如何解决问题。这样她才会在遇到困难时，养成“我要想办法解决问题”的思维模式。

我经常从网上给芊搜一些乐高的创意玩法，把图片存在手机里，回家直接让芊照着搭。有一次我从网上看到了一个利用钟摆原理画画的乐高搭建，类似图 140。

图 140

回家后，我就让她试着搭这个模型。搭完支架后发现，我们家没有类似的水杯，芊准备放弃了。

我说：“你可以找类似的东西去

代替。”芊去厨房溜达了一圈，拿出一个玻璃杯跟我说：“妈妈，咱家没有纸杯，用这个玻璃杯吧。”

我跟她说：“你再观察下这个画面上的杯子，除了能装水，还需要满足什么条件？”芊观察后跟我说：“还需要能挂绳子，需要能漏水，所以玻璃杯不行，可是也没有其他杯子了啊。”

我说：“咱们家只是没有现成的杯子，我们可以想办法做个塑料杯子，你再去厨房溜达或在整个房间溜达一圈找一找，看有没有可能自己DIY一个。”3分钟后，芊拿着一个空的塑料可乐瓶子出来，说道：“我觉得我们可以把这个上面的剪掉，用下面的部分做杯子，我见奶奶剪过可乐瓶，用它来种花。”

图141

就这样，我们把这个问题解决了，顺利地完成了这次搭建，而且搭建的效果很好。芊还用夹子取代了在边上打孔，把杯子和绳子固定了下来。（如图141）

解决问题思维让人生变得更积极

解决了这个问题后，我及时给芊“洗脑”说：“妈妈要表扬你，你今天遇到问题没有放弃，而是不断寻找解决办法，如果你没有想办法，今天就搭不出来这个造型了。”

有一次，我给芊玩一套磁力拼图，其中有一块只有1个磁铁片，而没有上面的形状拼块，原磁力拼块应该是图142所示的样子，在拼块下面粘有一个黑色磁片［我们只有这个黑色的磁片（图143）］。

缺少这个东西对玩拼图会有影响，芊看到以后跟我说的第一句话就

图 142

图 143

是：“妈妈，这个不是问题，我有解决方法。”只见她从手工柜里拿了一张黄色的卡纸，剪成和磁铁大小一样的正方形，做了一个黄色的拼块，把这个小问题给解决了。

以往我遇到类似的问题时通常会本能地抱怨产品质量不好，但是芊却给我上了很好的一课。积极解决问题除了让孩子收获成就感外，还能把很多消极的负面情绪转化为正面的应对和处理办法。

我看到大量教案里都有一项专门的训练，就是教孩子如何解决问题，并给出很多解决问题的策略，还有遇到问题怎样调整自己的情绪，以及提高受挫力。(如图 144)

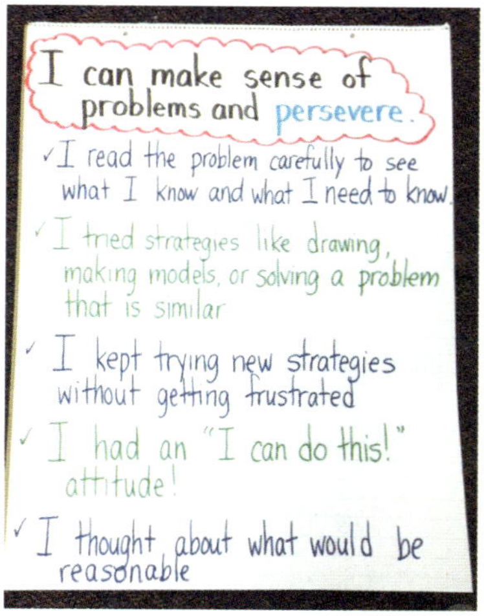

图 144

乐高搭建无疑是一种绝佳的锻炼解决问题能力的机会，因为在搭乐高时会遇到各种各样的问题，而这些问题都会成为孩子学习如何解决问题的契机。当孩子拥有了积极解决问题的思维，人生也会变得更加乐观积极。

用分工合作解决耐心不够的问题

孩子刚开始接触乐高时，一般以按照步骤搭建为主，这个阶段他们不断熟悉乐高块件，探索乐高的拼插方式，自己延展和自发探索并不多，所以这个阶段遇到的主要是搭建过程中的一些基本问题。

我刚带芊（3 岁左右）玩乐高时属于入门阶段，在她搭着搭着找不到块件，或者不知道该怎么搭时，就会跟我说："妈妈，你帮我搭吧。"刚开始我会帮她搭，后来她情绪一上来就不搭了，让我帮忙。

等到四五岁再玩乐高，她再让我帮她时，我没有一开始就答应，而是换了一个方法。

我问她："为什么让妈妈帮你搭，是哪里遇到问题了吗？"

"不想搭了，太累了。"

"你觉得哪个部分累，咱俩可以分工合作啊，妈妈先帮你做你觉得比较麻烦的部分好不好？"

"我不爱找块件。"

"妈妈来做你的小助手，你跟我说要什么样的块件，我来找，你来搭。"

芊听见我要做她的助手，就欣然答应了："好吧（于是边指乐高边跟我说），那个、那个和那个。"

"你给妈妈形容一下颜色或形状，我会找得更快。"等芊慢慢大了以后，我会引导她说出乐高专业块件的名称，比如方形块、长条块、皇冠齿轮等，并告诉她，有了更专业的名称，我会找得更快。

“方的，长的，再拿些红色的。”

“非常好，你说得很具体，妈妈找起来更快了。”

等芊搭建完，我跟她说：“你今天自己完成了搭建，特别好，因为你学到一种叫作分工合作的方式，有的事情你可以分给爸爸、妈妈或其他人帮你做一部分，这样本来你自己一个人完成不了的事，协作后就可以顺利完成了。”

对此，还有一点想强调一下，芊小的时候，如果遇到不是特别喜欢的游戏时，她的耐心和注意力明显不够。所以，我让她搭建的物体尽量是简单好完成的，每次都尽可能保证她完成。

如果选择的搭建物稍微复杂，家长可以承担一部分工作，并问孩子觉得哪部分工作比较麻烦，此时家长可以帮忙，用分工合作的方式帮助和鼓励孩子完成。

搭不好时，学会找出原因并解决问题

遇到问题先找原因

玩乐高时，即便是照着搭建，有时也会遇到各种各样的问题。

图 145

芊 6 岁时，有一次我们搭建一个装卸货的叉车，当时没有图纸，是乐高老师用手机给我们拍了搭建步骤做参考。芊照着步骤图搭的时候，总是搭到后面几步就散架了。(如图 145)

在第二次散架之后，她本来想放弃，我说："你先歇会儿，一会儿再接着研究。"芊吃了水果回来后，我建议她："我们这次换个方法，妈妈跟你一起搭，每搭一步，我们就测试一下它是否会散架。"就这样我们一直做到第 5 步时车子都还很稳，但在第 6 步的时候还是散架了。

我问芊："你觉得是哪一步出问题了？"芊说："就是第 6 步，因为之前 5 步都很稳。"我们开始仔细研究第 6 步的步骤图，发现是因为有个小孔插错了位置才导致散架的。

找到了散架的根本原因后，问题得到了解决，而不是搭不好就放弃。

芊从 5 岁开始玩乐高以来，慢慢地在搭建过程中融入很多自己的想法，很多时候都是我给她一个原型，她不会照搬，而是以其为参考，再融入自己的想法。但有时搭出来后，发现跟自己设想的不一样，这个时候就是锻炼孩子试错→调整→再试错思维的绝佳机会，这也是解决问题常用的方法之一。

想解决问题就要不断试错

有一次，我和芊玩乐高"轨道"系列，这个系列有自己的搭建图，但是芊完全没按照图纸搭，而是自己设计轨道。她搭的第一版轨道在小球滚到终点时，由于终点处的轨道没有阻挡，小球总是滚到沙发底下（图146画红圈处）。

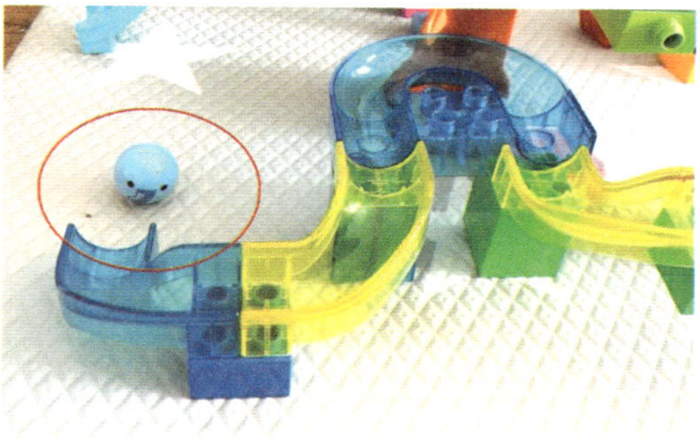

图146

因为不想总去沙发下捡球，她开始寻求解决方案。刚开始她试图搬开轨道，让它远离沙发。但发现这样轨道容易散架，所以她自己pass掉了第一个方案。

图147

她开始尝试第二个解决方案——在终点处的蓝色轨道块后面又加一个黄色弧度轨道块（如图147画红圈处），这样一来，小球滚到终点时遇到来自斜坡的阻力，就不会滚出轨道了。真是一个非常棒的解决方案！

我趁机告诉她：“很多设计游戏或软件的人，会把第一次设计出来的版本叫作1.0版本，然后不断地优化升级，让它越来越好。你第一次搭的小球轨道就是属于你的1.0版本，当你发现球总是滚到沙发下面这个问题，并进行优化，解决了这个问题后，第二次搭的就可以叫作2.0版本。”

我想让芊知道，她不用必须在第一次就设计出一个完美的东西，所有完美的东西都是不断优化的结果，这样孩子就不会因为一点失败而产生挫败感，而是不断努力去优化方案。

桌游篇

第 7 章

桌游——训练大脑工作记忆能力的最佳游戏

桌游考查工作记忆能力

玩桌游从娃娃开始

我玩桌游应该有差不多10年的时间了，我们全家都是“桌游控”：我和芊爸在没有孩子时就开始玩桌游、囤桌游；我们会带着爸妈去桌游吧玩；每年和弟弟妹妹们的家庭聚会项目都有桌游；有了芊以后，从她2岁开始玩，直到现在每周都会玩桌游。

我曾经和芊玩过一个桌游叫作“敲珍珠”，这个桌游的规则是先扔鲸鱼，再敲贝壳。如果落下来时鲸鱼的颜色为白色（另一面为黑色），同时敲贝壳后翻过来的颜色也是白色，就拿起鲸鱼，如果贝壳翻过来后是黑色，则不拿鲸鱼。（如图148）

图148

这个规则对大人来说简单，但对于3岁孩子的大脑来说，需要理解和处理多个规则，还要判定先后顺序，其实是很难的挑战。

为什么难呢？因为这个过程中需要调用大脑的工作记忆能力，而孩子越小工作记忆能力越弱，玩桌游可以更好地锻炼孩子这方面的能力。

什么是大脑的工作记忆能力

人的记忆分为长期记忆和短期记忆，所谓“工作记忆”，其实是一种短期记忆，可以帮我们的大脑在短时间内保存信息，并同时处理好几个任务。

比如，我们可以在短时间内记住一个电话号码，然后拨打出去，或者可以记住即将要去超市买的三样东西。而当大脑要在短时间内完成多线程的任务时，就需要对新信息进行加工和处理，这种短时间对新信息的处理能力，就可以看作工作记忆能力。

有时候看似孩子学习成绩不好，大多与其大脑工作记忆能力没有得到充分开发有关。

芊一年级时做过一道很简单的计算题“38+25=？”，我告诉了她计算方法，但她算了半天才算出来。在我看来，这不就是一个进位算法吗？有什么难的？现在我才明白，即便是一道看似简单的题，也需要大脑同时处理 5 个信息：

①辨别运算符号，选择进行加、减、乘、除哪种运算。

②将个位相加后结果是：8+5=13，提醒大脑记住这个结果。

③做进位处理，把 1 进到十位。

④十位相加后再加上进位数字：3+2+1=6。

⑤记住刚才的个位数 3、十位数 6，最后得数为 63。

当孩子的运算还不够熟练时，大脑处理这些信息的速度就会非常慢。通常这个时候，我们就会理解老师为什么让孩子练口算，其目的就是让孩子记住得数。如果孩子计算 8+5 和 3+2 后能马上算出得数，那么大脑需要处理的信息就从 5 个减少到 2 个，做题速度自然就快了。

不过刷题只是提高孩子工作记忆能力的一种手段，而且刷题有些枯燥，虽然能提升熟练度，但是孩子都不喜欢刷题。所以我特别喜欢带着芊玩桌游，因为桌游的规则通常都是 3 条以上，大脑需要同时理解和运用好这些规则才能玩得好，这个过程就是在锻炼工作记忆能力。当孩子逐渐运用策略取得胜利时，工作记忆能力就可以获得进一步提升。

学会拆解规则，减少大脑负荷

很多学习高手和具备超级脑力的人，都是工作记忆能力很强的人，他们可以在短时间内快速处理很多信息。人的工作记忆能力不是一成不变的，通过训练都可以提高。下面给大家介绍常用的训练方法，效果很好。

回到前面的例子，3 ～ 4 岁孩子的大脑还不具备工作记忆能力，我把“敲珍珠”的规则给孩子拆解成了 3 步：

第一次玩：规则是只敲贝壳。

第二次玩：加一步——扔鲸鱼。

第三次玩：加一步——判断颜色后抓鲸鱼。

这样做的目的是，先让大脑完全熟悉一个规则，再加入一个新的规则时，大脑就不用考虑旧规则了，只需要应付新的规则即可，这样一步步叠加新规则，3 岁孩子也可以玩需要遵守 3 条规则的桌游。

我的同事多米妈在招呼多米的小伙伴一起玩这个桌游的时候（3 个孩子都是 4 岁左右），用这种方法引导就很奏效。

在小伙伴来家里之前，同事用刚才的方法带自己孩子玩了一遍，多米提前熟练掌握了规则。到了周末，因为另外两个小伙伴是第一次玩，同事一次讲完 3 条规则，并示范了一次玩法。到正式开玩时，其中一个小伙伴在敲出黑色贝壳时没有任何反应，不知道下一步该做什么。显然，对于 4 岁的孩子来说，一次性同时熟悉 3 条规则，其大脑是无法驾驭的。所以，有时候我们说的所谓反应速度快慢，其实指的是孩子工作记忆能力的高低。（图 149）

图 149

对于 4 岁以上的大孩子来说也一样。之前我和芊、芊爸玩一个叫“北京之旅”的桌游，这个桌游有 10 条左右的规则。对此，我也是一个个拆解，我们三个人在第一轮先不管输赢，我念一条规则，芊就执行，然后是芊爸，然后是我。这样一来，针对每一条规则，我们每局游戏都会执行三次，一轮下来，芊对规则就很熟悉了。

利用组块记忆法，提高记忆速度

组块记忆法是另外一个很重要的思维方法，我用“打地鼠”的桌游来举例。首先需要孩子按照卡片上颜色的顺序，用棕色的小锤子把鼹鼠杯一个个扣起来，谁最先扣完卡片上显示的颜色的地鼠，这张卡片就归谁，最后得到最多卡片的人胜出。

我们先复习一下前面提到的方法，对于 3 ~ 4 岁的孩子来说，我们可以这样拆解规则：

①先用小锤子打“地鼠”，大人说哪个颜色孩子就打哪个颜色的“地鼠”，注意不要打炸弹杯，免得引起爆炸推倒再重来。

②加入卡片，让孩子把卡片上显示的颜色的“地鼠”都收集齐。

图 150

③让孩子理解卡片上箭头的含义，即从上向下按照颜色顺序依次打“地鼠”。(如图 150)

对于 4 岁以上的孩子来说，大脑已经能轻松胜任和执行这些简单的多规则任务了，为了获胜，他们需要练习的是如何以最快的速度扣完卡片上显示的所有“地鼠”。

芊刚开始玩的时候速度特别慢，她会先看一眼卡片上的颜色，扣一个“地鼠”，再看下一种颜色，再扣一个。

当时我在一旁提示她：“你可以一次性记住卡片上的所有颜色，然后再扣‘地鼠’，速度会更快。”但是卡片上一共显示 6 种颜色，我发现让她一次性记住 6 种颜色并不容易。这个时候，我们就可以用组块记忆策略。

图 151

我让芊把这 6 种颜色分成 2 组来记忆，以图 151 为例：黄→红→灰→橘→蓝→绿，如果分成 2 组则为：黄→红→灰、橘→蓝→绿。

这样可以让大脑的记忆空间一下子得到释放，之前大脑需要记住 6 个信息，而分组后，大脑只需要把 3 种颜色作为一个整体去记忆，即相当于大脑只需要记住 2 个信息就够了。

充分利用视觉，提升大脑处理信息的速度

在桌游中，有一种类型能锻炼孩子的反应速度，这类桌游就是在训练大脑用最快的速度处理信息，处理速度越快，说明工作记忆能力越强。

“水果吸吸乐”这个桌游是芊每隔一段时间必玩的桌游之一，它的规则是根据骰子上显示的图案，用吸盘吸上和图案一致的卡牌，最后谁吸的卡牌多谁赢。

图 152

不过这个桌游跟一般的玩法不一样，一般桌游最多有 2 个骰子，它竟然有 3 个，1 个代表数量，1 个代表颜色、1 个代表水果种类。比如，图 152 中的骰子表示：绿色、1 个、苹果，那么对应要吸的卡片就应该是 1 个绿色的苹果。

有的骰子同时包含 2 个条件，比如“1/2”，就代表某图案数量是 1 个和 2 个的卡片都可以吸。(如图 153)

孩子需要同时在 12 摞卡牌中找到符合条件的卡牌，很考验反应速度。刚开始芊还在熟悉规则时，基本就是一张张地对应筛选，速度很慢。

图 153

玩了两轮以后，我发现她速度快了很多，我问她："你怎么变得这么快了？"芊跟我说，刚开始她是一张张地看，后来是 12 张一起看，比如，要吸红色的，她就只盯住红色卡片，然后再从红色卡片里挑出数量和水果符合骰子要求的。

我问她为什么先看颜色，而不是看数量或水果种类，芊说："我是一次次试的，发现先看颜色选得快。"我仔细观察了一下棋盘，果然颜色是最好认的，其次是数量，最后是水果种类。（如图 154）

视觉相对于其他感官来说，提供给大脑的信息是最多的，我们可以看到颜色、形状、大小等，所以更加形象和直观，这也是为什么国外老师从幼儿园开始在教孩子进行学习时，会辅以大量卡片、图画等。想提高大脑的工作记忆能力，可以优先训练孩子使用视觉获取信息的能力。

图 154

通过桌游战术拓展孩子的思维

前面主要讲的是如何通过桌游规则提升孩子的工作记忆能力。4 岁以后，当孩子对桌游的规则掌握起来没有那么困难时，就会开始学习如何运用规则，或运用道具来取得胜利。

“水果吸吸乐”桌游的规则就是每个人拿出一根吸棒，同时掷出 3 颗骰子，然后观察同时满足这 3 颗骰子条件的卡牌，用最快的速度把它们用吸棒吸起来。

我发现刚开始的时候，每轮芊吸的卡牌都比她爸爸的多，我问芊：“你的速度怎么这么快啊？”芊告诉我：“因为我发现吸盘是双面的，一次能吸两张，正面吸完，马上翻过来再吸一张。”芊爸是吸完一张牌，便把卡牌从吸盘上取下来，再去吸下一张的，所以速度慢很多。可见芊对道具进行了观察，并思考了怎样才能对道具进行最高效的利用。她开始有了自己的小战术。

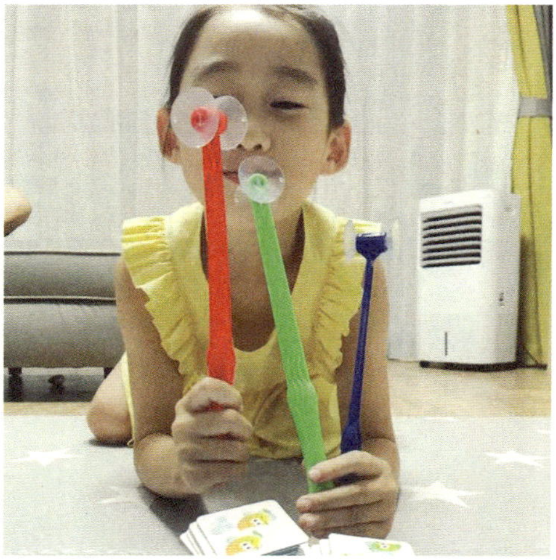

图 155

在“水果吸吸乐”这个桌游中，她还发现一个小细节，就是当吸走上面的一张卡牌后，下面那张可能也是符合骰子条件的卡牌。自从发现这一点，芊吸完一张牌后，会先看下面那张卡牌是否也可以吸走，再去观察其他牌，这样她吸牌的速度又比我们快了很多。（如图 156）

几乎在玩每一个桌游的过程中，孩子都会运用自己的战术。这些战术就是对各种思维能力的综合训练，同时也在为她形成大局观、具备初级策略意识打基础。

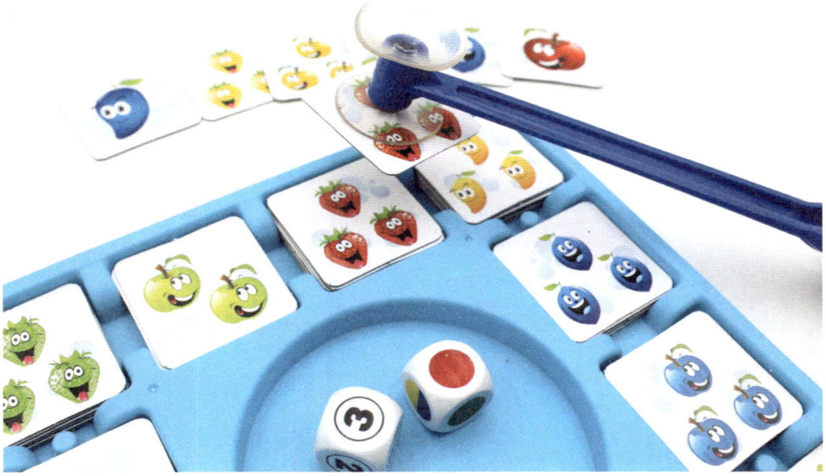

图 156

第 8 章

通过桌游培养战略战术，提升孩子的全局思维

运用试探式思维，学会试错

所谓试探式思维，就是“这种情况是……那种情况是……”，也即，引导孩子去探索不同情况下发生的不同事情所带来的不同结果，从而进行选择。

桌游中通常都有很多道具，比如，用一个小槌子把一个贝壳敲翻过来。刚开始，前文提到的同事家3岁的多米尝试用小槌子的平头敲贝壳，但总是翻不过来，后来她把木槌转过来后发现，用尖头敲成功的概率会大大提高。多米试验了两种情况后，选择了最好用的方案。(如图157)

图157

这种试探式思维正是最基础的学习方式之一。我们为什么强调不要把答案直接告诉孩子，就是要留给他们一些探索的空间，用这种方法试试，用那种方法试试，然后对比各种方法带来的不同结果，最终得出自己的结论。

通常桌游道具都包含这样的思维训练，大家可以仔细观察一下，很多道具孩子越用越熟练，其实就是因为他们在不断对比不同方法之间的差异后，找到了最佳的使用道具的诀窍。而且，有的桌游规则本身就是训练孩子试探式思维的。比如，芊 7 岁的时候我们玩过一个叫“磁石迷宫”的桌游。它的玩法非常特别，虽然是一个迷宫，但路线却是隐形的，在棋盘上完全看不出来，要掀开棋盘才可以看到下面的迷宫，里面有一道道木头“墙”（如图 158）。

图 158

行进路线是依靠小魔法师（棋子）吸住磁石（铁球）来进行移动。把棋盘拿起，给大家示范一个清晰一些的。上面是棋盘地图，下面的磁石会跟随棋子进行移动。（如图 159、160）

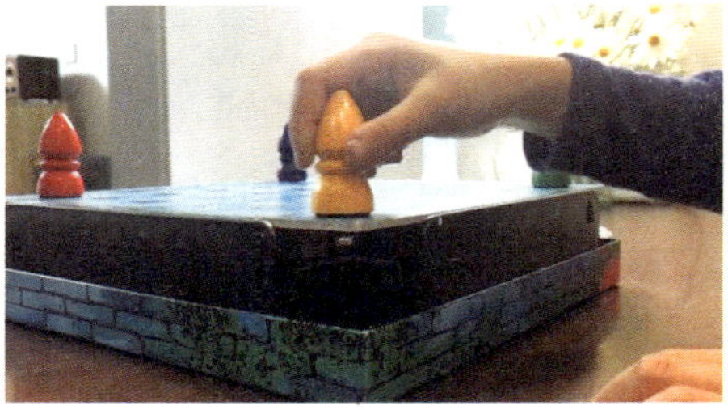
图 159

从棋盘表现上完全看不到下面的迷宫路线，如果小球撞到“墙”上，就会自动掉落，玩家的棋子需要返回起点，重新出发。

图 160

总之，每走一步都要进行试探，对于迷宫的路线可以事先记忆。这个记忆策略是非常有挑战性的，如果小球掉落，就知道这个地方是不通的，每一次掉落都相当于排除掉了错误路线，更新了一次正确的路线。这是“试探式思维 + 记忆策略 + 空间思维”的三重挑战。

通过玩桌游，进行抽象思维训练

玩桌游和刷题不一样，棋盘、道具和规则其实都隐含着不同形式的信息，而这些信息通常以符号的形式存在，孩子需要理解这些符号的含义，才能把桌游玩得更好。

芊 5 岁的时候玩过一个叫作“get the picture”的桌游，是一个连线游戏，一共提供 9 条线索。比如，图 161 的第 1 条线索是从数字 1 到 5，第 2 条线索是从数字 6 到 10，看看孩子能在用到第几条线索时猜出图案。

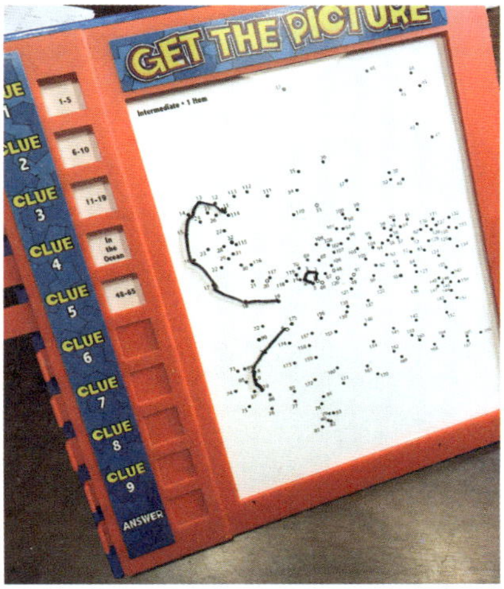

图 161

因为面板上的数字一共有约 200 个，密密麻麻的，每次找线索中的数字时都特别不好找。刚开始芊找得很慢，后来越找越快，我问她：“你怎么找得这么快啊？”她指着图片中一个数字上的小圆圈跟我说：“我发现原来每条线索中出现的第 1

个数字的圆圈都是空心的，我每次先找空心的圆圈，就好找多了。”

这就是对棋盘上信息符号的一种理解，能帮助她更快地找到每串数字的起点在哪里。

图 162

我们还玩过一个叫“小兔追踪”的桌游，这个桌游有一个棋盘，游戏要求在棋盘上按照关卡图摆好相应的起点和终点，还有道具障碍等。比如，到了第 13 关时有个障碍物，是一棵大树。芊刚开始使用直线的路线图时，小兔子被大树挡住了，无法前进。（如图 162）

她把不同的路线卡都单拿出来一个个观察，发现其中有一种是带有小曲线的，她立刻领会了，曲线就是为了让小兔子能够绕行的路线卡，把它放上去后，小兔子果然顺利地通过了大树这个障碍。因此，识别抽象符号能够让孩子的抽象思维能力更进一步。

通过闯关型桌游，训练空间思维

空间思维能力是非常重要的能力之一，有时我们看孩子做手工做不好，不见得是“手笨”，可能是空间思维能力不够强。搭积木等所有建构类游戏，都需要空间思维能力。空间思维能力强的人通常可以从事医学、建筑、科学等领域的工作。

图 163

空间思维能力可以通过锻炼来提高，桌游就是特别好的选择。芊 6 岁的时候我们玩过一个名为“疯狂松鼠”的桌游，有点类似华容道。玩法是：按照关卡摆好每只小松鼠，然后用最少的步数把橡子推到洞里，这需要玩家提前为每只小松鼠规划好行进路线。

在玩之前，芊会先根据关卡示意图摆好松鼠，这一步考验的就是读图能力，需要孩子运用空间思维。（如图 163）

图 164

关卡示意图为俯视图，而孩子在摆的时候基本是平视的视角。在大脑接收到俯视的视觉信息后，要转化为平视信息才能在棋盘上摆出来。因为芊之前玩类似的桌游太多了，相当于有过大量的训练，所以摆起来非常轻松。（如图 164）

但是在她 4 岁左右刚玩的时候，却没有这么轻松。我以其中一个关卡图为例给大家示范一下。首先我会引导她找出一个关键点并以其为参照去摆放。比如从俯视视角中，最好辨别的就是方向，我问芊：“橘色小松鼠的头在哪边，尾巴在哪边？”芊摆好后我再问：“橘色小松鼠旁边的小松鼠和它方向正好相反，该怎么摆？”就这样，选一个参照物摆好后，后面就很好摆了。（如图 165）

图 165

图 166

另一款桌游“过山车”，从读图到搭建都要运用空间思维。它在闯关卡上示意起点和终点，然后让孩子用轨道来连接，再从起点放上小火车，如果小火车顺利到达终点，就说明没问题。(如图 166)

首先孩子看到的图纸是平面示意图，而搭建是在三维空间完成的，这就需要孩子把二维空间的信息转化为三维空间的信息。

此外，由于关卡图是俯视图，芊不仅需要在三维空间中还原轨道的位置，而且要想象出它的高度。

即便是可以对空间思维进行训练的桌游，因为类型不同，也是从不同的角度训练不同的思维，每个桌游的道具、玩法都有自己独特的思维训练角度。

我强烈建议每周带孩子至少玩一次桌游，这是最省时、省力，而且能够全家参与的活动，是可以训练综合思维的游戏。

从战术到策略的思维升级

当孩子对桌游规则和战术都形成了自己的思考习惯后，就可以引导孩子形成初级策略。

战术思维和策略思维不同，战术只需要考虑把每一个环节做到最优，但是有的桌游如果把每一个环节做到最优反而可能输掉，这个时候就需要策略。策略要考虑的是每个环节之间的关系和相互影响，要学会的是选择和放弃，而不是非要追求每个环节都完美。

芊 6 岁的时候我们玩过一个叫“北京之旅”的桌游，这个桌游的策略思维做得特别好，考验的是玩家对行进过程中所使用的交通工具和去景点需要花的钱做的整体安排，而赚钱主要有两种方式：一种是游戏者走完一回合（5 轮）可赚 10 元，另一种是地图中有很多城市服务站，可以去服务站赚钱。（如图 167）

图 167

这个设定妙就妙在赚的钱总是刚刚够用，也就是说，玩家需要不断思考如何赚钱，我、芊和芊爸三人永远处于势均力敌的状态，每个回合都需要权衡。

芊有一次在去鸟巢的途中，停留在美术馆附近，刚好用光了手里的钱（注：因为每走一步都需要用钱，规则是坐公交车一站 1 块钱，最多坐 5 站，坐地铁一次 5 块钱，距离不限）。再次轮到她时，本来坐 5 站公交车就到鸟巢了，但是因为她没钱了，就无法前进，只得暂停一回合。本来想快点到鸟巢，反而暂停了一轮。（如图 168）

图 168

在这个回合能够走 5 步是芊可选的最佳方案，但她没有考虑下个回合的情况，她记住了这个教训。下一回合时，我发现她调整了战术，在每个回合她不会用光所有的钱（因为没有钱下一回合就不能前进了），而是到了快没钱时，先去离她最近的城市服务站赚 10 元钱，虽然本回合中少走了 2 步，但是下一回合就有钱走满 5 步了，2 个回合加起来共走了 8 步，而在第一种战术中 2 个回合只能走 5 步。

在这个桌游中，每个角色始终在一种微妙的平衡中前进，不光要花钱赚钱，还有对交通工具的选择、路线的选择等的思考，所以需要关注的不只是某一回合的得失，而是在每个回合该选择什么样的策略，才能最终取得胜利。

这就是对策略思维的锻炼，也是对更高级思维的锻炼，因为让孩子放弃既得的好处是非常难的。孩子运用初步的计算能力，通过看前面的 1 ~ 2 步，再放眼 2 个回合以上的局势决定每一回合的战术，就是对策略思维的启蒙。

风险与收益的权衡策略

有种类型的桌游和其他不同，它的结果是不可计算的，也就是说，下一轮会发生什么是不确定的，有可能好，也有可能坏，这时候就需要孩子从全局审视，是赌还是不赌，也就是权衡风险和收益。

图 169

我们玩过一个名为“小兔子偷萝卜”的桌游，哪位玩家的小兔子从棋盘上一步步走到最上面的胡萝卜上就算赢，但棋盘是可以转动的，每转动一次会有三个黄色的圆圈变成黑洞，如果兔子刚好站在上面，就会掉下去，需要重来。（如图 169）

卡片一共有两种，一种表示前进，一种表示转动棋盘。在这个桌游中，如果一味前进，可能就会掉下去；如果适当停止，风险会小一些，但到终点的速度就会慢很多。（如图 170）

芊是明显的保守思维，她宁愿停止，也不愿冒掉下去的风险。而芊爸则是冒险型，走到最后一局时，芊爸还有三步就到达终点，已经遥遥

图 170

图 171

领先了，这个时候可以稳扎稳打，但是他说“我不可能这么背，掉进洞里吧”，结果人算不如天算，他真的掉下去了。

更复杂一点的桌游“法老的秘宝”，其中的埃及元素特别丰富，有考古学家、木乃伊守卫、宝石、圣甲虫，整幅地图也分为法老墓外和法老墓内两个区域，进到墓内难度会升级，每个元素都包含自己的规则。(如图 171)

在整个玩法中，需要玩家对路线进行规划和选择，不同的策略能体现不同人的性格。芊爸就是“豪赌型”，不管风险一意孤行，但是运气有些差，如果好坏各占 50% 的概率，他总会赶上坏的那个；芊是“稳健型”，只有评估出风险最小才肯出手，所以她行进得很慢；我则是平衡型，如果风险低于 20% 就出手，所以最后取胜的总是我。

数学篇

第9章

尽早数学启蒙，开启大脑启蒙之旅

数学启蒙不只是数数，还有数感

数学启蒙的关键是数感启蒙

芊 2 岁的时候，让她从 1 数到 10 是没问题的，但如果让她喂我吃 7 瓣橘子，她却数不出来。她只是单纯地会背 1 到 10 的数字，但对每个数字所代表的含义并不懂。这与小朋友很小的时候就会背很多古诗，但多数不知道其含义是一样的道理。

数量是最基本的数学概念，大人觉得没什么难的，但对孩子来说，理解数量的含义并没有那么简单。我们一起看下面的题。

第 1 题：苹果和草莓的数量一样多吗？（如图 172）

图 172

第 2 题：左边的花和右边的花数量一样吗？（如图 173）

图 173

第 3 题：左边的彩泥和右边的扣子哪个数量多？（如图 174）

图 174

上面三道题的正确答案依次是：一样多、数量不一样、右边的扣子数量多。

这样的题目我们一般会以为，任何一个超过 3 岁智商的小孩都能答出来。但自己有了孩子以后我观察发现，3 岁小孩未必都能答对。

第 1 题，比较苹果和草莓的数量。小孩子觉得苹果和草莓不同，为什么数量会一样呢？孩子需要理解，虽然水果种类可以不同，但数量是可以相同的。

第 2 题，比较左右两簇花，孩子可能也无法理解，明明是相同的花，数量为什么又是不同的。

第 3 题，比较大桶里的彩泥和右边的几粒扣子，孩子可能会觉得明显是彩泥多。这是因为他们还没意识到，体积大小与数量多少是两个不同的概念。孩子看到彩泥很大，自然就觉得彩泥数量多。

以我同事家4岁的小豆子为例，妈妈在他面前左边放6粒大米，右边放4块曲奇。小豆子会自己一个一个地数，很快给出正确答案：大米多。后来妈妈又给小豆子展示了5把勺子和5粒大米，小豆子想都没想，就说勺子多。

即便小豆子已经4岁，且有成功比较曲奇与大米数量多少的经验，但看到相对于大米的体积大得多的勺子后，还是放弃了重新计数，直观地认为是“勺子多”。同事让小豆子把5粒大米分别放进5把勺子后，小豆子才恍然大悟：“啊，原来是一样多。”这时他才明白，勺子只是看起来大，但并不代表数量多。

以上说的这些情况，都关乎孩子的一种数学思维，叫作数感。

重视数感训练，为超强学习能力打基础

我看过很多关于如何教孩子学数学、大脑如何学数学的书，包括看过的很多国外老师的数学教案，里面第一部分几乎都是对数感的学习与训练。

什么是数感

我研究了很多书，发现对数感的定义有很多，但是不论具体概念是什么，都有一个最基本的定义：孩子对数量的感知能力，以及把数字（符号）和数量对应起来的能力。

在《人脑如何学数学》这本权威的教育神经科学著作中，有几道关于数感的测试题，大家可以以此测一测孩子的数感。

表6　4岁儿童的数字知识测验

水平0（4岁水平）：如果能正确回答3题及3题以上就转到水平1（见第五章）	
1	（在孩子面前将3片薯片排成一行）你能数出这些薯片并告诉我有多少片吗？

续表

2a	（出示两堆薯片，5 片和 2 片，相同颜色）哪一堆薯片更多？
2b	（出示两堆薯片，3 片和 7 片，相同颜色）哪一堆薯片更多？
3a	这次我会问你哪堆更少。（出示两堆薯片，2 片和 6 片，相同颜色）哪一堆薯片更少？
3b	（出示两堆薯片，8 片和 3 片，相同颜色）哪一堆薯片更少？
4	我要给你看一些薯片（出示一列 3 个红的和 4 个黄的薯片，按顺序：红、黄、红、黄、红、黄、黄）。只数出黄色的薯片，然后告诉我有多少片。
5	从上一题中挑出所有的薯片。然后说：这儿有更多薯片需要数（将 7 片黄色的和 8 片红色的薯片混合，随意排列）。只数出红色的薯片，并告诉我有多少片。

注：该表选自《人脑如何学数学》。

培养数感有什么用

我们从小培养孩子的数感，孩子不一定能当数学家，但是大概率能为将来学习数学、具备超强数学能力打下良好的基础。以一道小学的数学应用题为例。有道题目是这样的：

5 个女孩、4 个男孩、2 位老师在公共汽车上，请问公共汽车上一共多少人？

这道题考查的就是数感的概念之一，也就是不同的东西，数量可以不同，但这些数量仍然可以相加。

同事跳跳妈引导 5 岁的跳跳把不同的人分别画在巴士的不同层中，只让孩子去数每层有多少人，然后列出加法算式计算总数。（如图 175）

以上这些计算都是以数感（也就是对数量概念的理解）为基础的。小学一年级时孩子对加减法应用题的掌握速度，大概率要看家长是否对孩子早期数感能力进行了良好的训练。

图 175

2 岁起就可以开始进行数感训练

研究完小学的数学课本后，我发现它在数感的培养方面一共有五个具体的目标。

目标 1：了解数字与数量的对应关系。

所谓数字与数量的对应关系，即数字本身是抽象的符号，而其所代表的是实物的数量，要能够将二者一一对应起来。（如图 176）

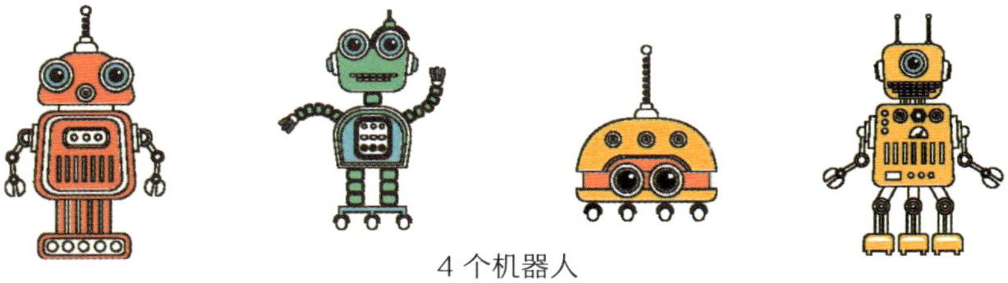

4 个机器人

图 176

我分享的很多数学游戏，都是数量→数量＋数字→数字。原因就是让孩子从对数字含义（即数量）的理解，逐渐过渡到对抽象符号（即数字）的理解上。比如，孩子会把中间的数字“2”对应左边的 2 个卡通人物和右边的 2 个红点（如图 177）。

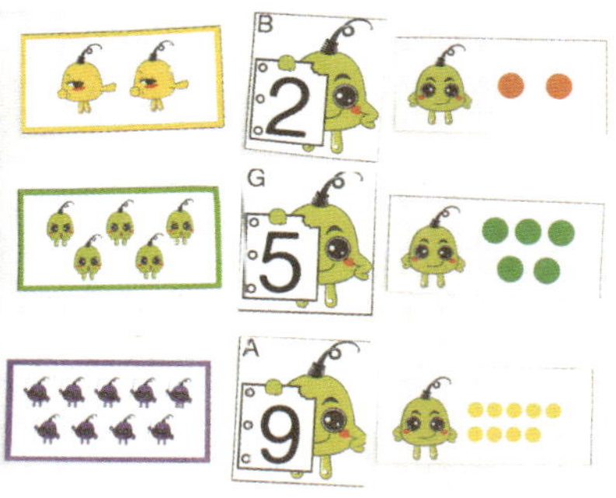

图 177

目标 2：了解基数原则。

基数原则是指从 1 开始按顺序计数，数到的最后一个数字即为某组物品的总数量。(图 178)

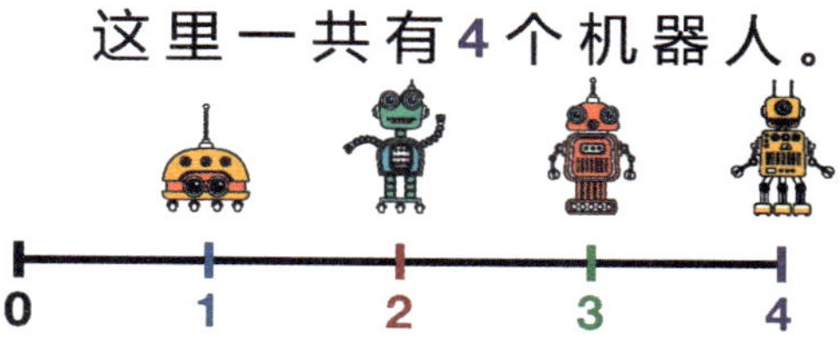

图 178

如果让孩子数 5 个葡萄，需要告诉孩子：你数到的最后一个数，就是这些葡萄总的数量。

基数原则非常重要，它影响着孩子后续对加法、减法等其他数学运算的理解。

目标 3：能够从 1 到 20 按顺序数，也可以从任意 1 个数字开始数到 20。

这个目标看似没什么大不了，但其实可以在运算时帮孩子节省大量时间。在孩子学加法如“4+3”时，不需要重新从 1 数起，而可以直接从 4 之后数起，即再数三个数 5、6、7 而得到结果。

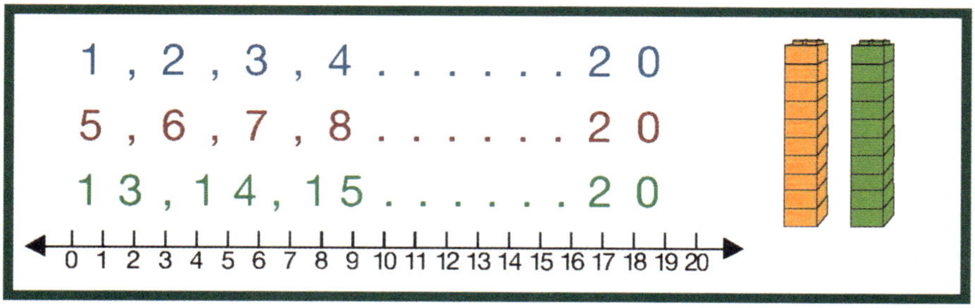

图 179

目标 4：通过数数，能够理解物体不同的排列方式不影响其数量。

第 4 个目标是让孩子理解，数量不会因物体的排列方式不同而有所改变。

图 180 中这道一年级的看图列式题，体现的就是不同摆放方式但总数量总和完全相同的 3 组苹果，目的是让孩子理解数的分解与组合的概念。

图 180

目标 5：理解连续数字，排在后面的数比前面的多 1；相反，前面的数比后面的数少 1。

图 181

小学一年级数学里有直接考查“相邻数”的题目。做这种题目时，就可以用这个数学规律，先让孩子给出某个数字的相邻数，再依次推导其他数。(如图 181)

这些连续的数字，实际上就是一个最简单的“等差数列”，即每一项与它的前一项的差都等于 1。

等升到高年级时，还会有这样的题目：与 10 万相邻的两个数分别是(　)和(　)，这些题其实都可以运用基数原则来解答。

所以，如果基础阶段数感没有培养好，可能会影响后续知识的学习。

学好数学的核心是拥有数学思维

孩子上小学前不要着急每天刷计算题，刷题多数是为了提高熟练度，常用于应付考试，但孩子对题目里的数学思维是否理解就未可知了。所以在芊上小学前，我都是通过玩很多数学游戏来锻炼她的数学思维，坚持每天留出 10 ～ 30 分钟跟她玩，以此培养她的数学思维。

比较思维就是一种非常重要的数学思维，可以从孩子较小时就进行培养。大量研究表明，数的比较和排序技巧都与后面的算术能力显著相关。若想孩子之后的加减法运算能力强，少不了对数量进行比较。

一年级有种题型叫“加减法比大小”，如果弄不清数量大小和比较时用的符号，即便孩子会计算加减法，这种题目也不一定会解。（如图 182）

三、 比大小

1+1 ○ 1-1　　1+2 ○ 3-2　　1+3 ○ 4-3

1+4 ○ 8-4　　1+7 ○ 4+4　　1+5 ○ 1+6

6-1 ○ 1+7　　7-2 ○ 1+8

图 182

二、创设情景观察比较，学习6以内数的比较型减法。

1、请一个小朋友把5张画纸发给第一组的小朋友，发之前再一次强调这一组有几个小朋友（6个），发完后问少几张画纸？有几张画纸呢？让幼儿比较谁多谁少？少多少？那你们能不能用图表的方式记录呢？让别人一看就知道少了一张画纸呢？（引导幼儿用简单的符号代替物品，并用一一对应的办法比较多少，如下图）（注：可以是幼儿自创的简单符号）

小朋友图像	● ● ● ● ● ●
画纸	□ □ □ □ □

图 183

在一本数学老师的教案中，老师在教孩子减法时

图 184

图 185

图 186

有这样的教法，这种题型就是“比较型减法”（如图 183）。也就是，先比较出多了多少或少了多少，自然而然就能得出减法运算的结果。

在数学教学大纲里，“数的比较”是小学一年级阶段一个很重要的学习内容。针对这一点，我制定了三个学习目标。

①确定一组物品的数量是否大于、小于或等于另一组物品的数量。（如图 184）

②能够比较两个数的大小，并用语言表述出来。（如图 185）

④认识符号“<”“=”“>”的含义，能够用符号描述万以内数的大小。有一首儿歌可以帮助孩子认识这对相反的符号：嘴巴朝左大于号，嘴巴朝右小于；大于号，小于号，嘴巴朝着大数笑。（如图 186）

通过以上几个目标，便可以培养孩子的基础数学思维。

第10章

掌握加减法中的数学思维，应用题不用愁

了解加法

了解“加法”的定义

借用维基百科和国外教材上对“加法”的定义。加法，是指两个或两个以上的数量或数字进行组合，得到一个新的总数量或数字的过程。

图 187

这个定义非常重要，它决定了我们在什么情况下可以使用加法，也就是说，在哪种情况下，我们需要把 2 个或 2 个以上的数量进行组合。

有这样一道题：小芳的花瓶里有 1 朵花，她又在里面插了 6 朵花。请问她的花瓶里现在一共有几朵花？（如图 187）

我们可以根据加法的定义，帮孩子理解这道题：

首先，找到关键词“一共”并圈出来。以后做题时只要见到这个关键词，孩子就可以立即反应过来，它的出现就代表要进行多个数量的相加，需要使用加法。

其次，标出题目中的两个数量："1 朵花"和"6 朵花"，并通过画图来帮助孩子理解具体含义。

最后，通过图画的直观展示和其他辅助工具，孩子自然而然就能列出加法算式，并得出运算结果。

学龄前初步接触加法的目标

按照一年级对加法学习的要求，我给初学加法的芊制订了三个目标：

①能够用多种方式表达相加的概念，包括使用实物，用手指，通过心算、图画、动作（如拍手）、情境表演、数学语言、列式运算等方式。其中列式运算还包括横式和竖式。

②能够进行 10 以内的加法运算，了解在生活中什么场景下应该使用加法，并会计算加法的应用题。

③能够熟练地进行 5 以内的加法运算。

在这三个目标中，前两个主要是帮助她理解加法的含义，以及在什么情况下会用到加法、用加法能解决哪些问题。最后一个目标——练习 5 以内加法计算的熟练度就是考验计算速度，要通过刷题实现。

所以，刷题本身并没有问题，但不能缺失对数学概念的理解。

减法中的数学思维

实践中运用反向思维

之前带芊去上绘画课，当时用的彩铅是 24 色一盒的，两个人用一盒，下课后两个孩子要一起收拾画笔。

我看芊和小搭档往盒子里收笔，最后有 4 支留在桌上还没收进去时，我问她们："现在彩铅盒里有几支笔呀？"那个 5 岁的小女孩立刻开始数盒子里的铅笔，8 岁的芊却数了数盒子外面的笔，然后很快告诉我，盒子里有 20 支。

大家看出来没有？芊和她的小搭档用了两种不同的思维方法。

要得到盒子里笔的数量，小女孩直接去数盒子里的笔，这是正向思维；芊是用盒子外面的笔数，倒推出盒子里的笔数，也就是用 24 减去 4 得到 20，8 岁的她已经开始运用反向思维了。

有时正向思维走不通或算得慢的，就用反向思维，没准就能快速解决问题。

多角度理解减法，帮助孩子认识减法的本质

①先从数量上看。加法是数量的增加，减法就是数量的减少。

比如，问树干上有 5 只小青蛙，3 只“跳”进了池塘里，树干上还有几只？也就是从 5 只里减去 3 只，剩下的 2 只就是答案。

反过来，树干上原有 2 只小青蛙，又来了 3 只，则树干上一共有 5 只小青蛙。（如图 188）

图 188

②从整体和部分的数学思维看，加法是两个部分组成一个整体，减法就是一个整体分成了两个部分，已知整体和其中的一个部分，求另一个部分。

比如，16 是一个整体，如果分解成两部分，已知其中一个是7，那么另一个就是9。（如图 189）

图 189

③从算式结构看，可以通过等号左右的交换，把加法算式变成减法算式。

有一个《给小男孩画头发》的游戏，小男孩说：“我有 8 根头发，你来帮我补齐吧，现在我只有 3 根，需要补上几根呢？”（如图 190）

图 190

图 191

按照正向思维，写成加法算式是“3+ ？ =8”。如果把加法算式变成减法算式，等号前面的加数 3 换到后边变成减数，就是“8−3= ？ ”，那么得出“8−3=5”，5 就是需要补上的头发数量。

④从加减法的运算工具看，加法是往前数，减法是往回数。

比如，“倒着跳的小兔子”这道题，小兔子从数轴尺上的 17 往回跳了 5 步，停在了数字 12 那里，写成减法算式就是“17−5=12”。（如图 191）

掌握 10 种题目类型，一年级不愁应用题

应用题中隐含数学思维

我一直有给芊读数学故事书的习惯，不过总觉得这些数学故事书有种心里知道好但是说不出来哪里好的感觉。芊上小学后，当我看见她数学课本里的应用题时，突然明白，原来那些数学故事书的内容就是应用题啊！

让孩子把故事（生活）中的数学规律提炼出来，就是应用题的本质。

有一本讲乘法的书，讲的是生日聚会上，每个人需要盘子、碟子和果汁杯三种餐具，萨利邀请了5个朋友，连同她自己就是6个人，那么一共需要的餐具数量就是3×6=18个。（如图192）

图192

一道小小的加法应用题，可能就蕴含了同类相加、异类相加、基数相加和序数相加四种数学思维。比如排队题考验的就是最典型的序数相加思维，下面这道题，来自小朋友们排队做操。

解题的时候，按照题目的意思，画出一列正在排队的小朋友，把数字标在下面，数字之间的位置关系用箭头来表示，最后数一下，就得出了答案，写出算式就是“2+3=5”。（如图193）

“第2个”“第3个”表示位置和顺序关系，用箭头来表示这个顺序位置关系的过程，就是序数相加的思维过程。

减法作为加法的逆运算，蕴含的数学思维比加法还多，一共有四大类、六种：数量减少（求剩余和减少型）、整体与部分、数量求差（同类求差和异类求差）、序数相减。

小朋友们排队做操，小明在第2个，小西在小明后面第3个，小西在整个队伍的第几个？（从左向右数）

图193

同一类中的两种思维过程也有区别，比如，同样是考查数量减少的题目，减少后物体还存在的，就是减少型思维过程；减少后物体不存在了，比如食物被吃掉了，就是求剩余的思维过程。

比如图 194 中这两道题，左面“吃草莓”的题目就是把草莓吃掉了，而在右面“猴子跑了”的题目中，猴子还存在，只是不在树上了。所以左边的题目就是求剩余的数学思维，而右边的题目考查的是减少型的数学思维。

图 194

下面我把小学一年级应用题的几大题型整理出来，可以每周让孩子做 2 ～ 3 道，帮孩子逐个理解所有加减法题目中隐含的数学思维。

加减法中隐含的数学思维

加法题目中的 4 种类型

①同类相加和异类相加

先看图 195 中的两道题，左边的题目是要求将桌子上的橙子与冰箱里的橙子相加，是两组不同数量的橙子相加；而右边的题目中，是要求将 2 只猴子和 4 只兔子相加，虽然猴子和兔子属于不同类，但它们都是小动物，量词单位都是“只”，所以也可以相加。

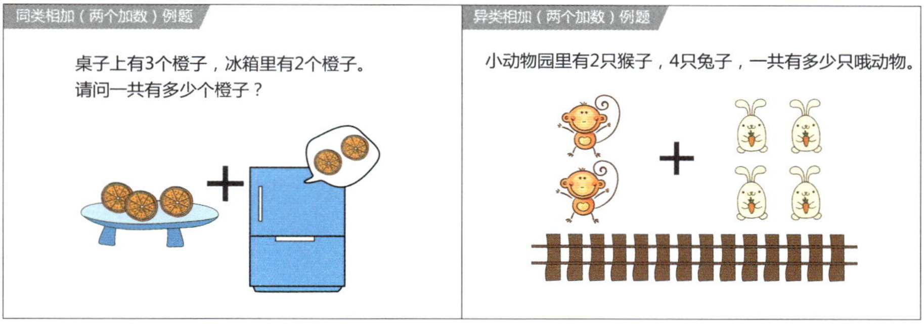

图 195

由此可见，能相加的东西要么是种类相同，要么量词单位一样，种类相同的就叫同类相加，种类不同但是量词单位一样的就叫异类相加。这样分类，孩子就能知道同一类的东西和不同类的东西都可以按照数量加在一起。

②序数相加和基数相加

还有一种分类标准是看相加的两个数字之间是否有顺序和位置关系，有顺序和位置关系的是序数相加，单纯表示数量增加的，就是基数相加。

小朋友们排队做操是按照一定的顺序排队的，数字表示小朋友的顺序和位置关系，这样的两个数字相加，就是序数相加；而图 196 中右边的题目，数字是表示车上乘客的数量增加，并不涉及排列顺序，像这样的加法题目就是基数相加。

图 196

同类相加和异类相加都表示数量的增加，都可以算作基数相加，但为了让孩子们做题时更清楚明白，还是要单列出来。

减法题目的几种类型

①求剩余

这是关于数量减少题目的两个套路之一，基本上都是与吃东西或与孩子的日常生活紧密相关的题目，比较好理解。题目的描述基本就是：一共有几个，吃了几个，还剩几个？

图 197

比如，Meg 有 12 个纸杯蛋糕，她吃了 3 个。请问还剩几个？（如图 197）

②减少型

这是数量减少题的另一个类型，与求剩余的不同在于，减少型的题目中的物体减少后还是存在的，只是不在原来的位置上了。

图 198

常见的减少型的题目描述就是“树上有几只鸟，飞走了几只，还剩几只？”比如，图 198 右图中虽然饼干也是食物，但是并没有被吃掉，所以也算作减少型。

③整体与部分

这个类型的题目不太容易想象，看个例题就明白了。

比如，6 只风筝中的 3 只是粉色的，其他的风筝都是橙色的，问橙色的风筝有几只？在这里，6 只风筝是一个整体，3 只粉色风筝是其中的一部分，

橙色的风筝就是另一部分。（如图 199）

图 199

由此可见，“整体与部分”这类题目，可以看作基数相加的逆运算。那么，对应着同类相加和异类相加，作为整体和部分的事物既可以是同类，也可以是异类。

图 200

比如图 200 右边的题目中都是风筝，就是同类中的整体与部分，而左边的题目中，大象和熊是两种动物，就是异类。

④同类求差和异类求差

先看两道例题：图 201 左边题目中，粉色的鱼比蓝色的鱼多几条；右边题目中，篮球比足球多几个。这两道题都是求两组数量的差值，这就是求差类减法应用题。

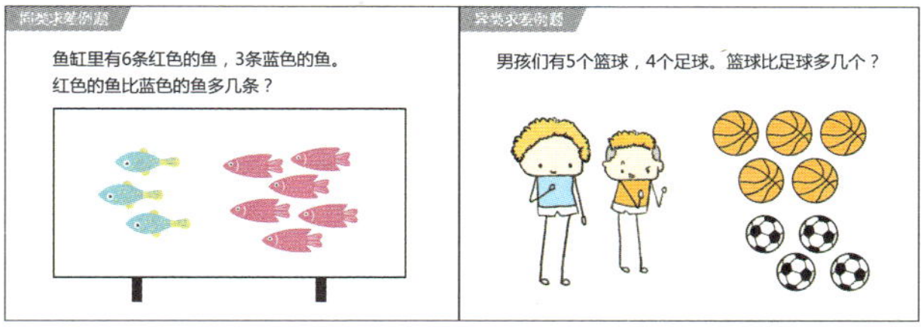

图 201

再根据求差的两组数量的事物是不是同类的，可分为同类求差和异类求差。比如，粉鱼和蓝鱼都是鱼，只是颜色不同，而篮球和足球就是两种球了。

⑤序数相减

这种类型的题理解起来也稍有难度，我们结合例题来理解。（如图 202）

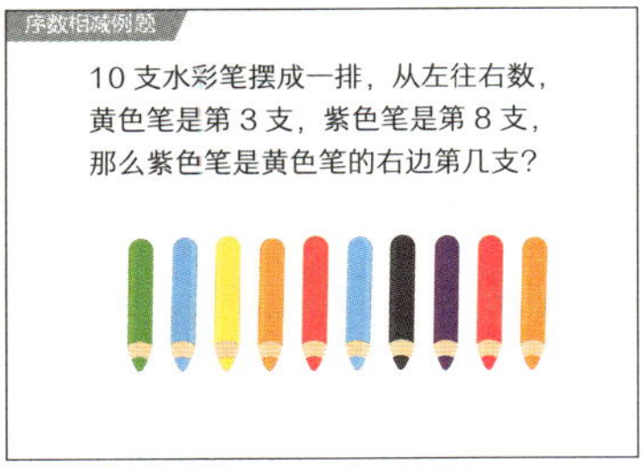

图 202

10支水彩笔摆成一排，从左往右数，黄色笔是第3支，紫色笔是第8支，那么紫色笔是黄色笔的右边第几支?

题目中的“第3支”与“第8支”都是表示顺序和位置的，要找出这两个位置之间的关系。像这样表示顺序和位置的两个数之间的减法，就是序数相减，也是序数相加的逆运算。

最常见的序数相减类的题目就是排队题，还有按顺序摆物体的题，总之都是考查顺序和位置关系。(如图203)

关于加减法的应用题，不管怎么变换都逃不出以上几种类型。

图 203

英语篇

第11章

给孩子超有趣的英语启蒙

童谣是零基础启蒙的最佳利器

之所以把英语启蒙拿出来单说，是因为我在给芊做英语启蒙的过程中，基本上什么方法都实验过，我结合自己的实践经验，总结我个人认为效率最高和效果最好的方法，供大家参考。

完全零基础的孩子怎样入门最快？所谓零基础，就是不管孩子是2岁还是5岁，只要一点单词储备都没有就是零基础。在这种情况下做英语启蒙，我最推荐的就是童谣的形式。

我记得芊从完全不会英语，到第一次开口完整地说一段英语是4岁时，说的是一首非常经典的童谣——*Its Bitsy Spider*（《一只小蜘蛛》），当时我们用手指操配合小游戏，大概用了1周的时间她就把这首童谣完整地唱了出来。

我身边很多同事的孩子开口说英语，都是从童谣开始启蒙的，经典的童谣确实是让孩子接受英语最快的方式。因为童谣很押韵，有韵律感，便于记忆。我曾经在网上看到一句话：韵律是记忆的拐杖，形容得很贴切。童谣的单词和韵律有固定的循环和重复，更容易被大脑记住。

童谣也是孩子输出最快的，就像我们自己教孩子说话会先从念儿歌开始一样，有韵律、有节奏的童谣最能刺激孩子跟读的欲望，也最容易跟读。

欧美国家的童谣多数是流传久远、保留至今的经典。它们共同的特点就是有非常经典的旋律和朗朗上口的歌词，而这些童谣的内容有数学、字母、童趣生活、早期认知等，包罗万象，又特别贴近孩子的生活，都是孩子可以理解的内容。

在这里我特别推荐一套童谣集，是芊从小就一直听的，它是一套CD，是 Susie Tallman 的《children’s song》。我当初被“种草”就是因为看到这样一种介绍：我们听遍了英美所有的儿歌，千挑万选不惜重金引进了 Susie Tallman 这套英语童谣，因为从来没有人为了一套英语童谣投注如此多的心力，所有曲子都精心改编，力求活泼、趣味、亲切、温暖，并不惜成本使用了钢琴、小提琴、大提琴、吉他、曼陀铃、手鼓、各式鼓乐与打击乐器、口琴、手风琴、管风琴等大量真实的乐器，让音乐听起来特别生动活泼，难怪有那么多国外专业幼教和亲子杂志毫无保留地一致推荐这套童谣。

这套童谣几乎收录了美国最经典的童谣，并且进行了重新演绎，其中都是一些家喻户晓的作品。因为我和先生喜欢看美剧和电影，自从听了这套 CD 后发现，美剧里好多家长都会给孩子唱里面的歌，或者用里面的歌声做铃声。

CD1 和 CD4 最经典（CD2 和 CD3 是催眠曲），而且 CD 里的很多歌不仅旋律优美，内容也非常丰富，有的幽默，有的教孩子数数，有的可以锻炼孩子的节奏感，教孩子 26 个英文字母，有的讲故事……

CD1 和 CD4 我们基本每天听一张，轮流听。家长如果不知道怎么选童谣磨耳朵，买这套 CD 就好。

CVC结构的单词是英语启蒙的首选

虽然现在有了很多英语启蒙方法，但是背单词依然是英语学习最高效的方式之一。我每次给芊读英语书时，如果里面的单词她能认识一半以上，那么某句话的意思就能猜个八九不离十。

在做英语启蒙时，我们教孩子的单词通常都是常用的名词和动词，根据名词和动词就可以猜出整句话的大概意思，等上了小学，再开始学习形容词、代词和介词。

启蒙阶段可以重点储备CVC结构的单词

记得芊4岁时我带她去马来西亚沙巴玩，有件事让我记忆深刻。那天傍晚我们到达当地取行李时，发现所有人的行李都被提走了，却没找到我们的行李。芊爸留在行李转盘处继续等行李，我带着芊去了行李问询处。

在我跟工作人员说明情况后，工作人员给了我们一张标示箱子颜色、规格、质地的失物登记单，让我们根据选项描述出行李的大致样子。

芊拿起登记单看了看，告诉我："妈妈这个选'red'（我们的行李箱是红色的），这个选'big'（行李箱是大号的）……"整个过程，芊都替我"包办"了，后来行李箱也顺利地找到了。

让我惊讶的是，就在平时玩的那些单词小游戏中，芊居然不知不觉储备了这么多单词。不过让她玩的那些单词小游戏也不是随意选择的，而是特意选择的含有 CVC 结构的单词。

什么是 CVC 结构的单词

CVC 结构的单词指“辅音 + 元音 + 辅音”结构的单词，即中间的字母都是元音字母。比如，图 204 中这些单词中间的红色的字母都是元音字母，元音字母一共有 5 个：a、e、i、o、u，其中的黑色为辅音字母。

图 204

为什么要从 CVC 结构的单词开始储备

有三个原因：一是 CVC 结构的单词较短（只有 3 个字母），对小孩子来说更好背。在下面这个游戏中出现的单词，大部分是 3 个字母。以中间字母是 a 的单词来举例，sat、rat、bat、pat、cat 的后两个字母一样都是 at！孩子只需要记单词的首字母就能一口气背下来 5 个单词。（如图 205）

图 205

二是它们的词性都是名词或动词，孩子能直观地理解其意思，记住了含义才能实现词汇量的积累。

在图206中，是不是每片拼图都对应着一个实物？比如单词rat对应的就是老鼠拼图；fan对应的是电扇。

图206

三是为学习自然拼读做准备。自然拼读启蒙需要知道在一个单词中每个字母的发音。因为CVC结构的单词只有3个字母，所以可以帮助孩子更快地区分每个单词的首音、中间音和尾音。比如单词bug，首音是b，中间音是u，尾音是g；而单词move的首音是m，但中间音就不好辨别了。（如图207）

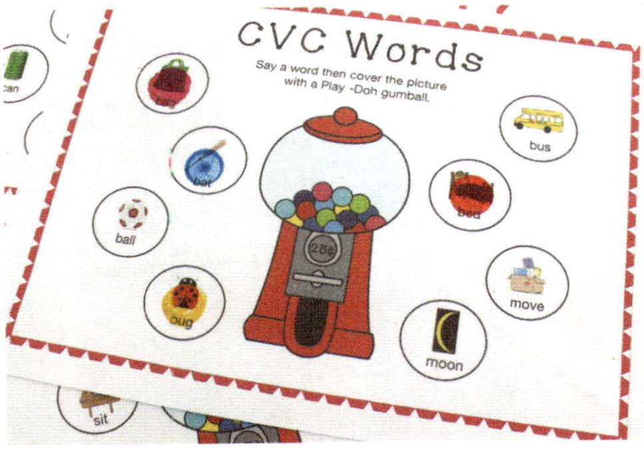

图207

在自然拼读启蒙阶段，孩子入门是比较慢的，所以可以选择CVC结构的单词开始入手。

第 12 章

用大脑最喜欢的方式背单词

视觉化学习

图 208

我带芊学习所有的学科内容几乎都会配有图片，英语也不例外，这种方式叫作视觉化学习。对于之前提到的英语童谣，我会把其中的关键单词配上图片，比如学mouse时会配小老鼠图片，学clock时会配钟表图片。（如图208）

之所以这样做，是因为对于大脑的记忆效果来说，图像是一种比文字更有效的工具。在DK出版的《有趣的大脑训练手册》这本书中，作者对此解释道："这是因为图像在大脑的概念层面和视觉层面对大脑进行了双重录入。"

以童谣为例，如果孩子看到一张钟表的图片，就会知道它是钟表，也知道它的样子、形状、颜色，与之相反，如果只知道钟表的概念（即"钟表"这个词）而没有视觉信息（钟表的图案或实物），大脑则需要更加努力才能达到记忆的目的。

视觉化的学习方式，从国外的幼儿园到小学，任何一个学科的学习都无时无刻不在使用。比如"十格阵"这个数学工具，就是把数字转化为包含数量的图像。

十格阵即数字是几，就在下面的十个格中画几个黑点。比如，图209中从左到右的数字依次为3、8、15。这样一来，如果要计算6+6+5，当孩子习惯十格阵的视觉信息后，一眼就能看出"17"这个结果。

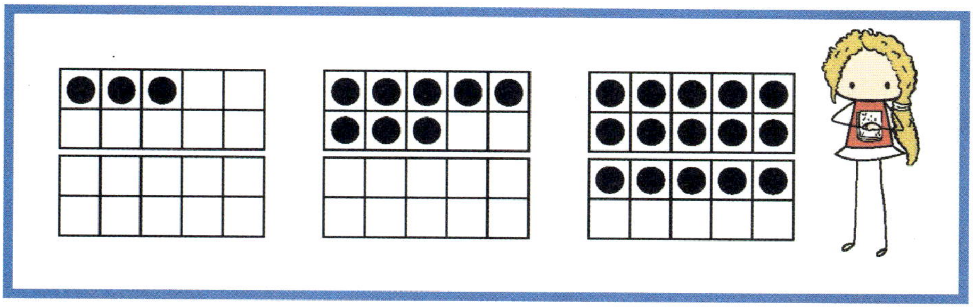

图 209

对大脑活动进行扫描后显示，在计算活动中，并不是只有左脑在活动，大脑的听觉、视觉和运动区域也参与其中。当我们把一个数学问题转化为视觉信息时，会更为清晰，更易于孩子理解和计算。

利用游戏背单词

游戏的最大目的是引起孩子的兴趣，孩子不爱背单词就是因为死记硬背是机械重复的，是枯燥的。如果换成游戏的形式，孩子的接受程度就会更高，在游戏中孩子的心情会更加愉悦。科学研究证明，当情绪处于愉悦状态时，记忆效果更好。

图 210

有一个拼图游戏如图 210，电风扇正好对应单词 fan，桌上的咖啡杯刚好对应单词 cup 的位置。

当孩子将所有单词和图案配对成功后，就是一副完整的卧室场景，拼完会很有成就感。

再比如，可以把单词变成“胡萝卜”，让孩子给小兔喂“胡萝卜”。只是加入这么一个小玩法，孩子背单词的兴趣就会翻倍。（如图 211）

图 211

第13章

选好分级读物——科学进行英语启蒙

选对分级读物，英语学习事半功倍

在英语学习过程中，阅读是要贯穿始终的。从芊 4 岁起，我们就保持着每天至少读 1 本英语书的习惯。我们选择的书大部分是分级读物，虽然比不上绘本所包含的文学性和艺术性，但是作为学习英语的工具，一定是效率最高的。

分级阅读是什么

分级阅读，就是按照孩子不同年龄段的认字量和理解能力提供合适的读物，它起源于比较重视阅读的欧美国家。

我们以学乐出版社的 *First Little Readers* 分级读物为例，大部分分级读物都是这个模式，每一阶段的每本书都有不同的主题、不同的单词、不同的句型，阅读难度逐渐增加。

如图 212 所示，在 A、B、C 阶都有以 draw（画画）为主题的 3 本

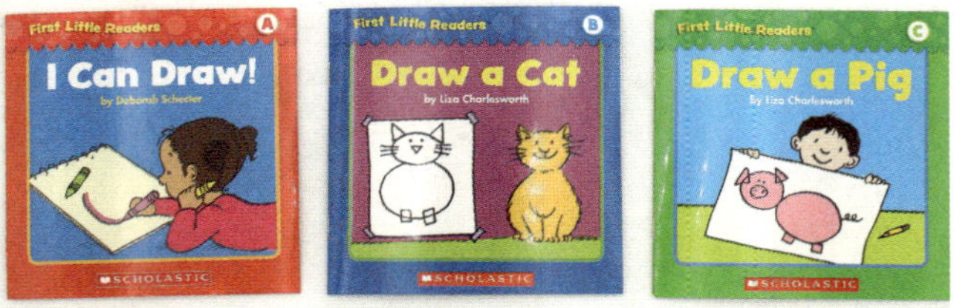

图 212

小书。

其中相同的单词就是 draw，它在A阶、B阶、C阶都出现过，由易到难，A阶中整本都用到了这个词，还用到了一个句型：I can draw...（我会画……），如“I can draw a king.”（我可以画国王。）“ I can draw a crown.”（我会画皇冠。）等。（如图 213）

图 213

B阶用了同样的单词 draw，但学习的是新的句型“I draw...”，如“ I draw 2 squares.”（我画了 2 个正方形。）“ I draw 3 triangles.”（我画了 3 个三角形。）等，既让孩子能产生熟悉感，又学到了新的知识。（如图 214）

C阶的 *Draw a pig*《画一头猪》先复习B阶的句型，再学习新的内容：It as easy as can be!（太容易了！）（如图 215）

由于要把每个阶段学习的单词都套在句子里，且每个阶段都要学习固定句式，所以分级读物的编写要比绘本多很多限制，导致其在故事性和艺术性方面通常都比不上原版绘本。但分级读物存在的目的就是从易到难逐步扫清孩子的阅读障碍。

图 214

图 215

分级读物的体系及分类

分级读物的体系

不同分级读物有不同的分级体系，不同的阅读体系有不同的评估维度。不过在我给芊买过的各种分级读物中，并没有发现特别明显的不同，基本上主流的几种分级体系都是科学和权威的。给孩子选择分级读物时，可以从书的内容出发来选。

分级读物的分类

我给芊读的分级读物类型很多。如果从不同的侧重点来分的话，分级读物大致可以分为三个类型。

（1）以常用单词和基础句型为基础的分级读物。这类读物是市面上在售最多的分级读物，里面选择的单词大多数符合孩子的早期认知特点，比如表示颜色和数量的单词，农场、小动物的单词等；句型也都是基础句型，比如“I can...”“This is...”等。

这类分级读物大多比较经典，如 *I can read* 系列、*Ready to read* 系列等。这类读物基本都以科学的分级体系为依据，我在选择的时候主要看内容和主题，之所以给芊选择学乐的 *First Little Readers* 系列，主要是看中它的主题更加贴近日常生活，在出现类似场景时可以套用句型应用起来。

另外就是在国内非常热门的《牛津树》系列，在保证科学的分级体系前提下，我认为这套书是分级读物里可读性最强、故事最有趣的。

（2）以高频词为核心关键词的分级读物。在经典启蒙绘本《好饿的毛毛虫》（*The very hungry caterpillar*）中，如图 216，我标黄色的单词全是无法用自然拼读拼出来的。比如 on、was、one、two 等词，而这些高亮标记的单词在《好饿的毛毛虫》这本绘本中，占比高达 61%。

这些高亮标记的词就是高频词，国外叫 sight words，国内通常称其为高频词（很传神的翻译），也就是在文章中出现频次最高的单词，比如 the、a、is、of、to、in 等。

In the light of the moon a little egg lay on a leaf.One Sunday morning the warm sun came up and POP!- Out of the egg came a tiny and very hungry caterpillar.He started to look for some food.On Monday he ate through one apple. But he was still hungry.On Tuesday he ate through two pears, but he was still hungry.On Wednesday he ate through three plums, but he was still hungry.On Thursday he ate through four strawberries, but he was still hungry.On Friday he ate through five oranges, but he was still hungry.

Sight words: 62 out of 101 words total.

Sight words percentage: 61.4%

图 216

它是由美国一位学者针对儿童读物进行系统分析和统计后得出的，是儿童期阅读时最常用的词，占总词汇量的 60% ~ 75%，大概有 220 个。

如果教孩子认识了这 220 个高频词，那么看到任何一篇英文文章或一本英语书，孩子就已经认识了 60% 的单词，可以减少阅读难度。

所谓高频词的分级读物，即每本都以 1 个高频词为核心词汇编撰的小书。

（3）以自然拼读为主题的分级读物。自然拼读的概念在国内已经被说得太多了，它是以英语为母语的国家学习单词发音规律的一种方法，近十年在我国也普及开来。如果孩子学会了自然拼读，即便看到没学过的单词，也能做到见词能读、听音能写。

这类分级读物中比较典型的就是 *Bob's book* 系列，比如其中的一本 *Mat*，整本书都是关于叫 Mat 和 Sam 的人的故事，其中的单词都是由 4 个字母 m、a、s、t 以及字母组合 at 和 am 组成的单词。

比如，第一页的主人公叫 Mat，Mat 就是由字母 M 和字母组合 at 组成的。

第二页是 mat、sat，是字母 m、s 和 2 个字母组合 at 组成的。

第 7 页是 Sam sat on Mat。孩子读下来会对这 4 个字母和字母组合的发音规则更加熟悉。

这套书中的每本书都是按照不同的自然拼读发音规则来编写的，比如单个字母的发音、字母组合的发音、元音字母的发音等。

如何带孩子读分级读物效果最好

既然分级读物这么重要，我们要怎样带孩子阅读呢？

选择适合孩子的分级读物类型

我们可以关注对读物类型的选择。孩子 4 岁以前可以选择上一节中提到的前两种类型的分级读物，自然拼读类型的该物可以在 4 岁以后进行选择。可以每天读 2 本，1 本是以常用单词和句型为主的分级读物，1 本是以高频词为核心的读物。

4 岁以后，可以三种类型的读物同时阅读，且增加到每天 3 本。由于一本书基本都是 10 句以内的内容，所以读完 3 本也就是 15 分钟左右的时间。

针对不同的读物选择不同的方法

第 1 种读物，主要以认单词和积累句型为主。

我通常喜欢在读到某个单词时，让芊指出相应的图片，确保她知道关键词的含义。比如读“Please turn off the TV.”（请关掉电视。）时，我会指着关掉的电视机画面来读。

由于每本书都是固定的句型，只是每句会替换不同的单词，所以我会让芊在全部读完后再自己造句。

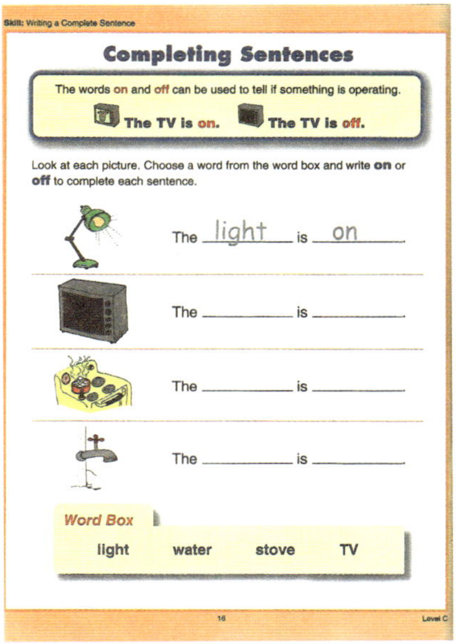

图 217

读完《Turn Off The TV》这篇文章后，课后的练习题是让孩子在观察图片后用 turn off 和 turn on 填空。做这道题时，芊先观察了灯、电视、炉子和水龙头，我让她找到开和关的线索后，再填答案。

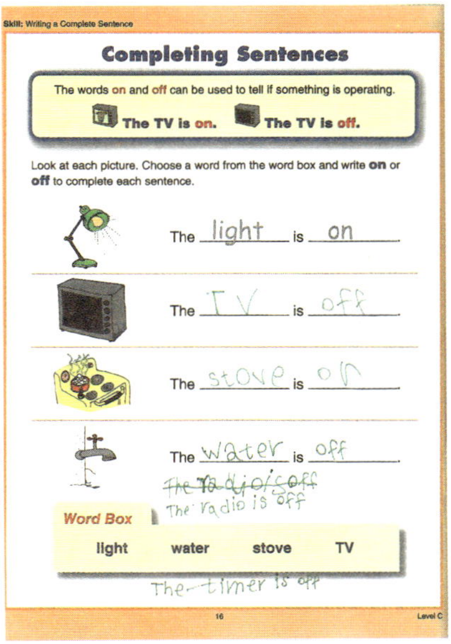

图 218

芊给我的答案是，电视是无画面的，所以“The TV is off. ”（电视关着）；饭是冒着热气的，所以“The stove is on.”（炉子开着）；水龙头没有流水，所以“The water is off .”（水龙头关着）。（如图 218）

为了让芊进一步掌握这个句型，我让她从家里找两样东西，套用这个句型造两个句子，即一开和一关。芊的答案是：The radio is off；The timer is off。（录音机关着；计时器关着。）

针对这种固定句型，可以让孩子替换其中的名词或动词，学会举一反三，然后加以运用。

第 2 种，以高频词为主的读物。

我一般会边读边让芊指认每页中的高频词。比如有本书内容是讲 can 这个高频词的用法，每个句型都是“I can...”，每页我都会让她找到 can 这个单词。

图 219

我和同事们还设计了一套高频词分级读物，每页中都有互动内容。比如学习 can 这个高频词。这本书的第 1 页把 can 这个单词打乱成为 c、a、n 三个字母，孩子要自己把 can 这个单词贴在相应的位置。（如图 219）

芊第一次不会拼，我让她从书中找答案，她对照着封面上的“CAN”自己拼了出来。通过自己拼的动作，在第二周读的时候，我发现她已经记住这个单词了。

第 2 页要求孩子给单词涂色，让孩子对单词的印象又加深了一次。

第 3 页要求孩子在四线格中描画单词。这样做可以一边规范书写格式，一边再一次加深记忆。（如图 220）

图 220

第5页是一个综合测试，有考查自然拼读知识点的，有考查故事发生顺序的，有考查故事内容的，目的是让孩子理解全文意思。

第3种，强调发音规则。

对于这种读物，读的时候可以侧重让孩子了解字母和发音的关系。

有本书是学习以字母"O"为首字母的单词，为了让孩子熟悉字母"O"在单词词首的发音。同事曾是某知名英语机构的老师，她给儿子宝豆读的时候，就会先问："你能找到'O'吗？大写的'O'在哪里？"这时，孩子就会指出大写的"O"。（如图221）

图221

图222

打开小书的第1页，大小写字母会重复出现一次，孩子可以再次跟读，这时她顺势读出单词"ostrich"（鸵鸟），孩子可以跟读一遍。（如图222）

读几次之后，同事开始引导孩子把左边的字母和右边的单词联系起来，比如在读"ox"的时候，让孩子在其中找出"O"，并且说"O is for ox"，这样，孩子就会慢慢把字母"O"和单词"ox"联系起来，并且知道字母"O"在单词中的发音。

科学、手工和运动篇

第14章

做好科学启蒙，进行深度学习准备

科学课中蕴含基础教育的精髓

之所以推荐科学课，是因为它既重视知识的结构性，又重视知识的深度。

积累知识，重视学习的广度

孩子学习的深度和思维的提升，都离不开知识的储备。

在《知识大迁移》这本书中提到一个实验。康奈尔大学心理学教授大卫·邓宁和他的研究生贾斯汀·克鲁格做了一系列实验来验证自己的想法，那就是：最缺乏知识和技能的人反而最无法认识到自己的无知。在他让本科生为自己估分时，成绩越差的学生给自己估的分越高。同样的事情也会发生在司机身上——那些车技很差的司机普遍认为自己是好司机。

可见，知识储备得越少，越无法认识到自己的无知。更重要的是，没有了知识的储备，根本无法进行深度学习。

看下面这道小学科学题：

以下哪个不是哺乳动物：人、猫、海豚、鲸鱼、企鹅？

这道题考查的便是学习深度，因为它不是简单地考定义，而是应用定义和特点去判断哪些是哺乳动物，哪些不是。要想判断正确，就要知道哺乳动物的基本定义，还要知道人、猫、海豚、鲸鱼、企鹅这些动物的身体特征等相关的知识。

如果没有相关的知识储备，即使孩子分析能力再强也没用。而知识只有被大脑记住，变成孩子自己的知识储备，才能实现融会贯通。

一般的科学课中包含生命科学、地球科学、太空科学、物理科学四大块内容，这四个维度几乎涵盖了孩子初步理解世界的所有角度，这也是孩子要拥有的最基础的知识储备。

科学课重视系统的知识架构

与科普书那种零散的知识点不同，小学科学重视的是知识的整体架构，重视的是知识的系统性。

图 223

我们在科普书里经常看到这样的知识点：北极熊在北极生活时是怎样御寒的？为什么热带雨林中的蛙类可以在树上生活？其实这些内容在小学科学课中都属于“动物栖息地”这个知识板块。在这个板块下，孩子会学习什么是动物栖息地，以及地球上存在哪几大类的动物栖息地等知识。（如图 223）

有了这个知识架构以后，再看到诸如上面那个关于北极熊的问题，孩子就会把这个知识点划归到这个知识架构下，也就知道了这个知识点讲的是不同动物在不同栖息地是如何生存的。

国外的科学课不仅有生命科学、地球科学、太空科学、物理科学这四个大的维度，每个维度下也有自己的知识体系。

生命科学讲的是地球上生命与非生命的区别，让孩子通过学习植物、动物、人类的整个生存方式和生态系统，建构整个生命科学的知识架构。

物理科学讲的是世界的一切都是由物质构成的，然后学习物质属性、物质的三态、物质的运动和热能、光能、声能、磁能，以及对人类运用这些能量的简单机械原理的学习，去建构整个物理学的知识架构。

太空科学是从地球和宇宙的关系出发，学习八大星系，以及地球的天气、四季、水循环及各种自然现象，建构太空科学的知识架构。

地球科学讲的是地球是由陆地和水构成的，主要学习各种地貌、水域及各种地质现象，还学习对地球资源的保护等知识，以建构地球科学的知识结构。

培养科学思维，打通底层思维

科学思维不只是科普知识

下面是我带芊做的一道小学一年级的科学题：

> 想一想：同一个东西，在什么条件下是有生命的？在什么条件下是没有生命的？

芊的答案是通过画图和文字完成的。她在左边画的是一棵生长在土里的树，右边画的是被砍断的树，意思是被砍断就无法继续生长了，所以就没有生命了。（如图 224）

图 224

芊之所以能做出这道题，是因为我带她在学习国外小学的科学课时，不是一下子就像读科普书似的学一些科学知识。

教材中，第一课讲的是生命和非生命的主要区别。对于生命和非生命，其中一个最核心的判断标准就是：有生命的东西是可以生长和变化的，芊就是用这个知识点来思考这个问题的。同样是树，在土里的依然可以生长，被砍断的树就不能生长了。

图 225

国外老师会教给孩子生命和非生命的定义，让孩子找到它们的区别：有生命的能生长、呼吸、排泄、吃，有感觉，能繁衍、能移动，非生命的反之。（如图 225）

有了这个标准，对于任何东西，孩子都可以自己去判断。

生活中注重运用科学思维

我带芊学完关于生命非生命的内容后，有一天早晨我和芊爸一起送她上学，路上我帮她复习。我们仨轮流说出一个有生命的东西，我说的是“人”，芊说的是“狗”，芊爸说的是“鸟”。有生命的东西有很多，我们能一直说下去，这个就是广度，说明我们知道的事实很多。

第二轮芊爸不按规则出牌，轮到他时，他改口说“土堆”。芊运用自己学习到的判断标准说：“土堆是没有生命的，它不喝水。”芊爸说：“我往土里浇水时它就在喝水。”

芊说：“土堆不会移动。”芊爸说：“我铲一堆挪到对面马路上就是移动了。”

芊最后使出的“杀手锏”判断标准是：“有生命的东西是会生长和变化的，土堆不会长大。”最后，芊爸终于被打败了。

国外老师还会首先让孩子自己观察一些有生命和没生命的东西，然后进一步提问、假设，再做测验、做记录，最后得出结论，学习一整套科学思维方法。

总之，学习的广度就是知识储备。我们可以知道很多知识，但知识是不能穷尽的，而深度则可以教孩子提炼规律，学会举一反三，去学习和面对陌生的新事物。

学科学要大量调用数学思维

在各种科学实验中会涉及测量、数据收集、数据分析等方法，会频繁地调用数学思维，这让孩子在学习一个新学科时，还能不断地储备其他学科的知识。

在学习“太阳能够带来热量”这个知识点时，有一道深度思考题。题目要求是：一天中分三个时段，记录太阳在天空中的不同位置，并收集当时温度的数据，再进行数据分析，看看太阳的位置和它所传递的热量之间的关系。（如图 226）

这就是在教孩子数据收集和分析的方法，以及认识常用的数据分析的表格。（如图 227、228）

图 226

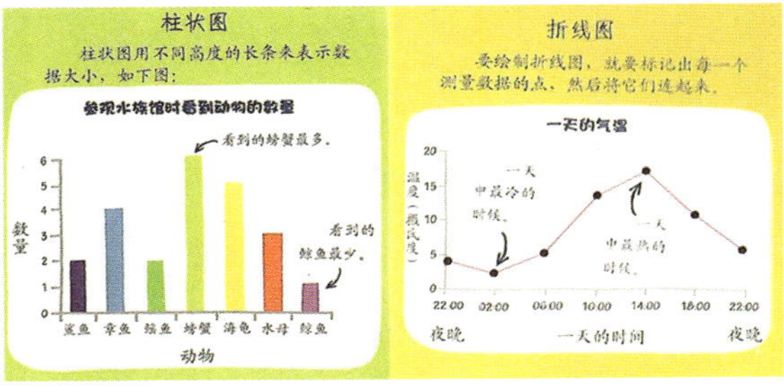

图 227

其实说到底，深度就是在教孩子一套学习方法，把各个学科的底层逻辑打通。尤其在现在这个时代，知识更新速度很快，一个人的学习能力显得愈发重要。

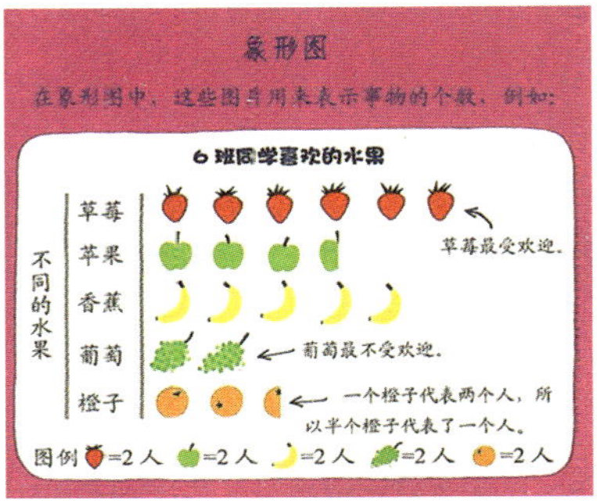

图 228

训练科学思维，打开思考角度

在没带芊学小学科学课之前，我们已经知道很多“五感”游戏，即让孩子利用口、眼、鼻、耳朵、手去接触东西，刺激各个感官功能的发展。学了科学以后，又为“五感”学习提供了一个新的角度，可以尝试通过“五感”描述物质的属性。

人们所看到的物质的形状、颜色，听到的物质发出的声音，尝到的物质的味道等，从物理的角度看，都构成了一个物质的属性。

图 229 中是芊在用触觉描述橘子的属性。

记得我带芊学到有关“地形地貌”的知识点时，需要用彩泥做各种地形地貌。她做了一个悬崖后就拿恐龙玩偶来“冲浪”；做了一座火山后就玩“恐龙逃命”的游戏；做了一条峡谷后，就让小动物们去峡谷参加游泳比赛（如图 230）。

图 229

因为有了对地形地貌知识的深度学习，孩子连手工和编故事时都有了更多知识点的融入和更具真实感的情节。

有很多孩子上完三年级后会突然跟不上同龄孩子的进度，孩子之间的差距会变得非常明显。其中一个原因就是不同孩子的知识储备有差距，学习的深度便有差距，所以会在学习新知识时拉开距离。

不要以为这些都是与学习无关的课外知识，恰恰相反，它们能为孩子的学习提供更多的思考角度。

图 230

这样学习，让孩子拥有科学思维

到底什么是科学思维？我们可以参考国外某教材的第一课，就很容易理解科学思维的概念。国外学校在第一课正式讲科学知识之前，会先用两个单元讲科学方法，在后面所有科学知识的讲授中，这些科学方法都是贯穿始终的。

以讲“动物”为例，看看老师是怎样教孩子像科学家一样思考的。

提问——给大脑“热身”

在讲具体知识前，老师会先问孩子们对动物都有哪些好奇的地方。孩子们各抒己见之后，老师会说：“你们和科学家一样，科学家就是对我们这个世界充满了各种好奇。”

探索，从观察开始

接下来，老师会给出几张动物的图片，让孩子们观察，并问他们都观察到了什么。然后老师会说：“你们刚才的这个行为就叫作观察。观察的时候，可以仔细地看、闻、摸、听、尝。科学家也要观察，所以你们也可以成为科学家。（如图 231）”

然后老师会给出一些动物的图片，让孩子观察。这个时候孩子们的答案会更加丰富，会从老师刚才引导的五个感官的角度去拓展。这一步是在帮孩子拓展观察的范围。

图 231

接下来，老师会给出几张动物的图片，然后问孩子们一些问题，引导探索的方向：①观察下面这些动物相同的地方和不同的地方；②给这些动物分组，并且告诉同学你为什么要这么分（分组的依据）；③分好组后，每组里你还能再加入其他动物吗？（如图 232）

图 232

等孩子们各抒己见后，老师会说："科学家就是通过比较和分类来了解动物的。比较就是对比事物之间的相同点和不同点，分类是按照相似的特点进行分组。"

老师会再给出新的一组动物图片让孩子们分类。这时候孩子们的观察又会进一步深入，他们会从相同和不同的角度去观察，从而形成自己的观察结论。

学习多种观察方法

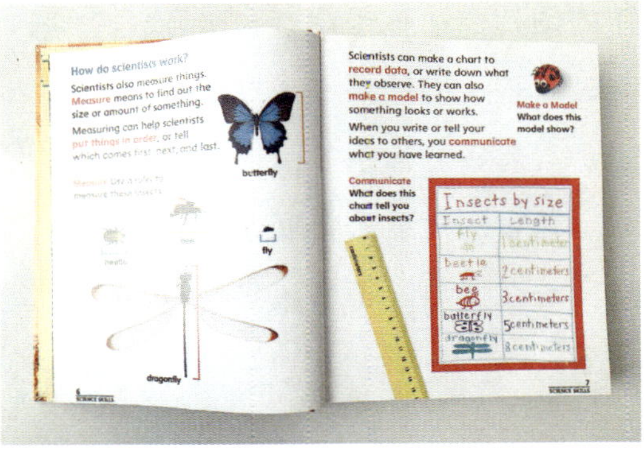

图 233

老师告诉孩子们，除了通过“五感”，科学家还会借助工具或方法来观察。比如测量，测量就是要测出一个东西的尺寸或者数量等。测量可以帮助科学家对东西进行排序，比如可以用尺子测量甲壳虫、蜜蜂、苍蝇和蜻蜓的长度，并且按照长短进行排序。（如图 233）

科学家还会收集数据，并把这些数据记录下来，做成数据表格。科学家会通过制作模型来展示一些东西是怎么运作的。

科学家学习新知识的步骤

第一步是猜想，即用已知的事物去琢磨一件新事物。他们也会预测和假设，用已知的事情去推测下一步可能发生什么。

图 234

比如，我们可能会觉得冬天鸟没什么东西可吃，这是我们的猜想。接着会预测，如果鸟很饿的话，可能去找别人放在喂食器里的食物。（如图 234）

第二步是调查，制订一个调查计划，一步步执行，最后写出结论。

如果想调查鸟最喜欢吃什么种子，调查的时候就可以同时喂它五种不同的种子，如果最后发现葵花子先被吃没了，就可以得出鸟最喜欢吃葵花子的结论。（如图235）

图 235

这个过程中体现的就是科学思维。所谓科学思维，就是如果想探究一个未知的答案，就要思考“我该怎么做”，以及怎样才能找到答案。科学思维对于任何知识的学习都是有借鉴意义的。

知识是不能穷尽的，人无法知道世上所有的知识，但如果掌握了科学思维，就有了探究未知的方法，这对孩子来说是更重要的事。

下面以国外一本科学教材上的一个完整的科学研究案例为例，给大家分享科学家的思维方式方法，让孩子学习和运用。

研究课题：蜗牛喜欢吃什么？

科学家研究一个课题时要制订计划，这套计划实际上就是科学研究方法，孩子现在就可以学习使用这套方法。

首先确定要研究什么，如果想观察公园里的蜗牛，就可以提问：公园里的蜗牛吃什么？并将其作为一个研究课题，也就是孩子想探究的某个问题的答案。

提出假设：有了想探究的问题后，孩子就可以先预测（提出假设）：蜗牛吃菜地里的蔬菜。（如图 236）

制订计划：像科学家一样，孩子也需要通过制订计划来寻找答案。可以让孩子把计划写下来方便执行。（如图 237）

图 236

假设计划表是表 7 这样的：

图 237

表 7　我的计划
①分别喂蜗牛吃菜地里和非菜地里的食物（白菜、糖豆、胡萝卜）。
②观察。
③记录观察结果。

制订计划后观察并记录，然后根据记录在表格里的数据，得出结论。

假设记录数据后的表格是这样的（表 8）：

表 8　结果

食物	第一次	第二次
白菜	蜗牛吃了	蜗牛吃了
糖豆	蜗牛没吃	蜗牛没吃
胡萝卜	蜗牛吃了	蜗牛吃了

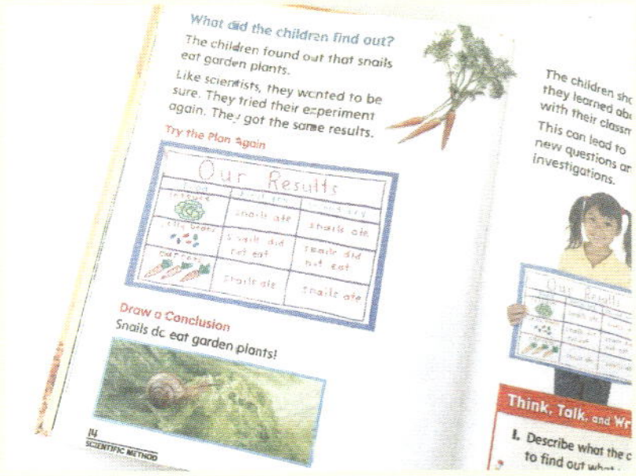

图 238

最后得出的结论是：蜗牛确实吃菜地里的蔬菜。

上面这个过程体现的就是一整套科学研究方法。

我们可以将科学研究方法总结为：观察—提出问题—假设结论—制订调查计划—执行计划—记录结果—再次执行（或调整）计划—得出结论（如图 239）。

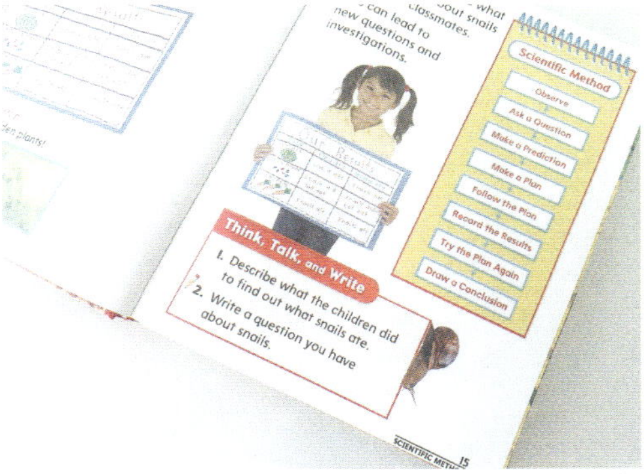

图 239

在孩子的学习生涯中，答案是正确还是不正确并没那么重要，重要的是在探究和获得一个知识点时孩子是被灌输的，还是拥有一套主动的思考路径。如果孩子学会了这套思考路径，就相当于拥有了科学思维。

第 15 章

手工艺术蕴含创造性思维

不要只注重结果，要注重过程中的收获

在芊上小学前，除了每日阅读，我们玩得最多的就是各种手工艺术和科学小实验。

手工和阅读的不同之处在于，阅读需要孩子动脑，而手工是实实在在需要孩子动手去操作的。

我带芊上兴趣班的时候，很多兴趣班的老师为了给家长呈现一个好看的教学效果，有时候会替孩子代劳。我最早带芊上烘焙课，看见老师在一些裱花的装饰上握着她的手弄时，会阻止老师："孩子做成什么样我都 OK，重要的是让她自己做，手部能力就是一点点锻炼出来的。"

带孩子做手工有以下几点好处。

锻炼精细动作，做好前书写准备

芊上幼儿园中班时，还不能灵活运用手腕和手指的力量去用笔，而是整个手臂用力，这是由于她的精细动作还不够娴熟。

手工和艺术创作可以锻炼孩子的精细动作能力。使用剪刀、画笔、胶水这些工具，都需要把力量集中在手腕和手指上，因此可以更好地锻炼精细动作。

从小做好对艺术元素的认知

图 240

我仔细研究过国外幼儿园的艺术课，老师教孩子时都是从最基础的艺术元素入手，比如形状、线条、颜色、明暗度、纹理等。这些都是孩子做手工时可以随时观察和感受到的。比如，可以让孩子用很多形状拼成一幅画（如图 240）。

增加感官体验，提高解决问题的能力

在做手工或者画画时，孩子要接触大量不同质地的材料，比如柔软又能随意做造型的毛根、PVC 材料的亮片、毛茸茸的球等，每多接触一种材料就增加了一种感官体验。各种体验通过孩子的手、眼、鼻、耳输入信息，传达到大脑，大脑接收到的信息越多，就会越活跃。

有一次，我带芊玩积木火车，她想给积木火车搭一座桥，结果用积木怎么也搭不好，后来她想起了毛根这种材料可以随意做造型，就把毛根弯成了拱形，但毛根又无法支撑在地面上，我让她想想有什么材料可以解决这个问题，她又拿来了两盒彩泥，把毛根插在彩泥上，最后成功地支撑住了。

这就是因为她在接触了很多不同质地的材料后，大脑对每种材料的特点都比较熟悉，在遇到问题时，就可以提取这些信息以解决问题。

通过剪刀基本功练习，提升孩子的手眼协调能力

剪可以说是手工中最常用的技能，孩子使用剪刀的技巧是随着年龄的增加而不断熟练的。

在讲具体的剪法之前，先教大家一个小窍门。如果孩子不知道如何正确抓握剪刀，可以在他的大拇指上画一个笑脸，并告诉孩子，握住剪刀的时候，只要能看见这个笑脸，就说明握对了。（如图 241）

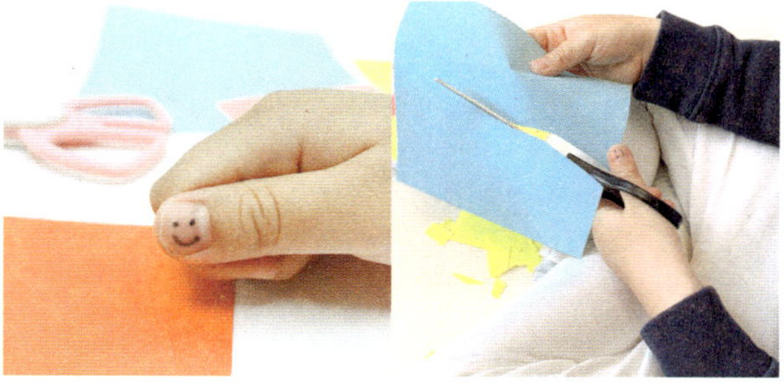

图 241

使用剪刀时，可以带孩子练习五种剪法，分别为剪边缘、剪断、剪曲线、剪直线、剪折线。可以每天给孩子安排 5 ~ 10 分钟的训练小游戏，这样孩子做手工会越来越熟练。

剪边缘。不是把整张纸剪成两半，只剪边缘部分即可。这样可以让孩子不断重复剪刀的开合，整个过程不需要孩子的手指使用太多的力量。

以一张练习卡来演示一下，比如图 242 这张纸，只需要让孩子剪到小猴子处即可。

可以在纸的最左边设置1个小图案，它可以帮助孩子找到拿纸的角度。比如，如果孩子拿着纸的一角，那么他在剪的时候，会容易找好位置，避免剪歪。（如图242）

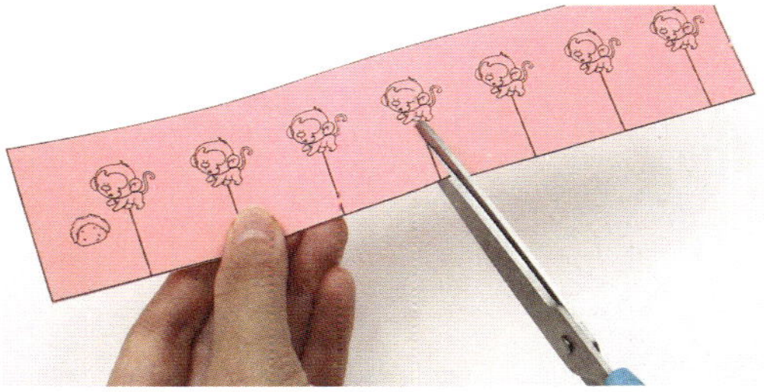

图242

如果离开了这个位置不好剪，可以在纸的边上画一个符号（图243中小脑袋的地方）。当孩子把大拇指放到这个位置剪纸时，就很容易完成边缘剪了。（如图244）

图243

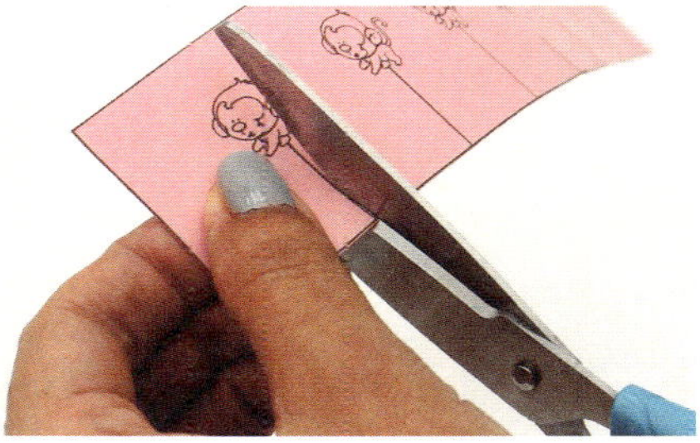

图244

剪断。这种剪法对孩子手部力量的要求更高一些，需要更用力，孩子将剪刀彻底地合上才能把纸剪断。

如图245，我们可以告诉孩子，看着卡片上的线，沿着线剪，直到剪断。

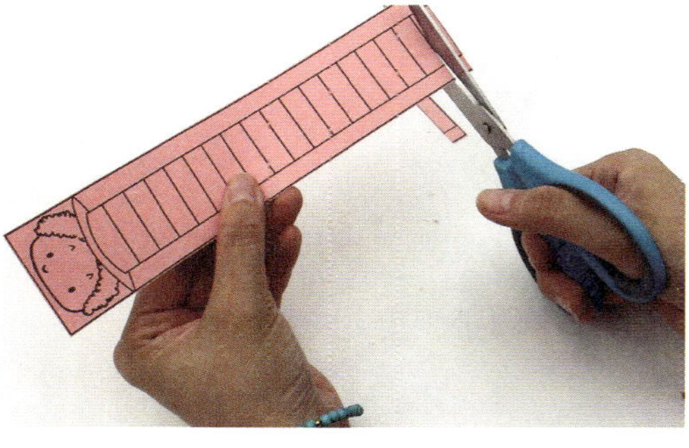

图245

剪曲线。剪曲线时需要不断调整纸的角度，因为线条是在不断变化的，需要孩子更多地调整剪刀的方向以及拿纸的方式（图246）。

比如剪螺旋造型（如图 247），孩子需要根据线条和剪刀的速度不停地转动纸，整个过程都要高度集中注意力。

图 246

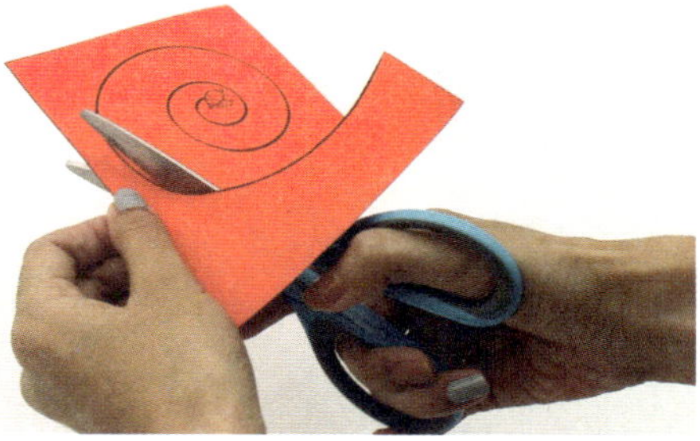

图 247

剪直线。与剪边缘、剪断相比，剪直线需要更好的视觉追踪能力和手眼协调能力，可以把直线的长度一点点加长。比如剪图 248 中这个小蜜蜂时，需要孩子从起点一直剪到终点，用一只手（以右手用剪刀为多数）拿好纸，另一只手使用剪刀。

图 248

剪折线。这和剪曲线的方法是一样的，需要根据线的走向调整拿纸的角度，孩子可以把握住两条直线之间的点，练习转换角度剪。（如图 249）

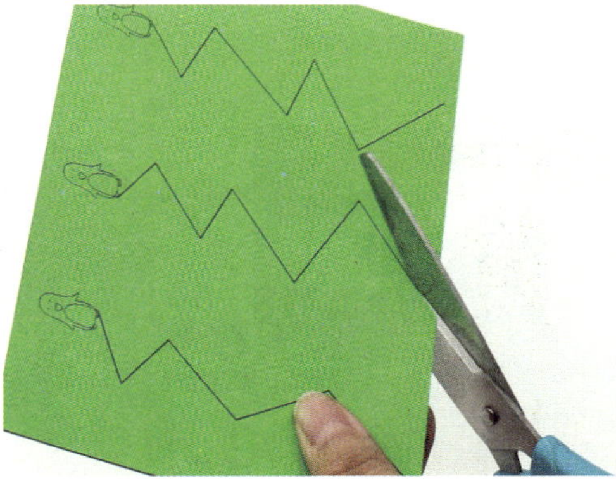

图 249

培养创造性思维，要模仿，不要复制

从芊 2 岁直到上小学二年级前，我每周都带她至少做一个充满创意的艺术小手工，与美术培训班系统的艺术学习不同，我们的玩法都比较有创意。

我们曾做过一个“小小理发师”的游戏，把一些剪好的人物脸型贴到彩色卡纸上，让芊给每一个人物剪头发（如图 250）。

图 250

她会先自己设计发型，然后再剪下来（如图 251）。

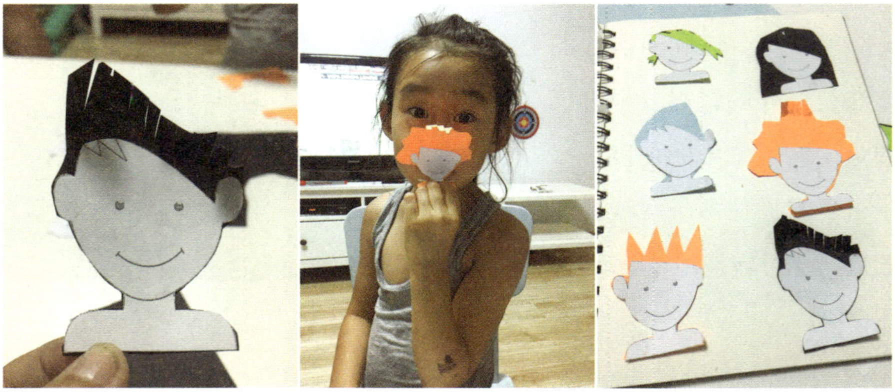

图 251

如果想培养孩子的创造性，在选择手工和艺术活动时，除了看其有没有很好的创意外，还要考虑能否给孩子自由发挥的空间。

选择有创意的手工，为激发创造力储备灵感

我和芊一直坚持做创意手工和艺术活动，芊每次的作品都让我意想不到。正是因为创意玩得多了，她已经做到了融会贯通，形成了自己的创造性思维。

6岁时我带她做这个小怪物（如图252），做好以后，无论怎么移动，小怪物的目光都会跟随着人。

图 252

上面是给我芊找的原创意，芊根据这个原创意模仿了一个类似的，做了一个小猫（图253）。

图 253

再后面芊开始自己发挥，她把各种想法组合运用后，做了一本翻翻书。

首先，翻翻书的封面是一只小鸟抓着毛毛虫，毛毛虫的眼睛是可以动的（用的就是之前学到的技巧）。

打开书后，会看到毛毛虫眼睛的位置也做了2只眼睛，又画了一只小鸟（用的是洞洞书的思路）。

两页之间的故事情节是互相衔接的，原来小鸟抓毛毛虫是要去喂孩子（用的绘本故事的思路），而且两页之间的情节也是连贯的。（如图 254）

图 254

这些有创意的玩法，孩子即便刚开始是模仿，也并不只是玩个热闹。在动手制作的过程中，孩子已经把这些创意储备起来，积累多了，慢慢地就可以融会贯通，运用创造性思维变成自己的创作。

给孩子发挥的空间

我带芊做手工的时候，会让她模仿，而不是复制。二者的区别就在于复制是一模一样的，而模仿则有变化的空间。

我们做过一个光折射小实验。在纸上画好一个箭头后，透过空杯子看箭头是指向右的，但是往杯子中倒入水后再看，箭头就转向左边了（如图 255）。

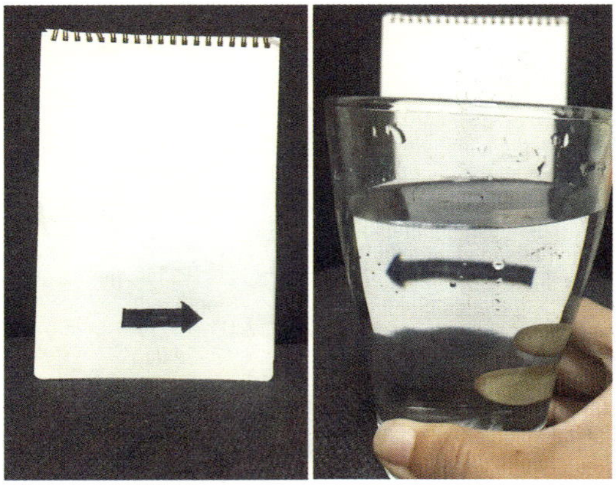

图 255

我先给芊示范了这个实验，她觉得很神奇。我跟她说："你现在画个箭头，然后放入水里看看跟刚才是不是一样的效果，这就叫作复制。"

图 256

孩子可以通过复制来熟悉制作方法、流程和步骤，但是不要只停留在复制阶段，一定要给孩子一点发挥的空间。画完箭头以后，我跟她说：“现在你画一个别的图案，然后把水倒入杯中，看看这个图案是不是也像箭头一样变换了方向。这个过程叫作模仿。”

于是芊画了一个哆啦 A 梦（那段时间她的最爱），倒入水后，她左看右看，脑袋都快摇成拨浪鼓了，也看不出方向的变化。（如图 256）

她便在旁边加了一个箭头，以及哆啦 A 梦的小伙伴。这样方向左右颠倒的效果一下就看出来了。（如图 257）

我问芊：“为什么之前看不出方向变化呢？”芊说：“因为哆啦 A 梦的左右两边是一样的，所以就算变了方向也看不出来。”

我帮她进一步总结说：“你说得对，这种左右两边完全一样的特点叫作对称，你要想看出方向变化的话，要画不对称的图案，所以你刚才在旁边补充了哆啦 A 梦的小伙伴就很明显了。”

图 257

这就是模仿带给孩子思维上的变化，复制只需要考虑像不像，而模仿则需要通过变化的内容，发现创意背后的一些规律。

接下来芊跟我说："妈妈，我现在做一个动作，你透过水杯看，我这个动作是不是刚好反过来了。"

可见，在这个过程中，孩子又从模仿升级到了创新，把原创意中的画换成了三维空间的人。这种创造性思维，正是通过举一反三实现的。

举一反三能力是创造性思维的前提

创造力就是把看似毫无关联的东西联系在一起，产生和创造新东西的能力。

当孩子把学到的逻辑加以组合运用，并为表达自己的想法所用时，就是创造力在发挥作用。当孩子有组合应用的意识，就要训练他们举一反三的能力。

下面这个手工利用的是折纸技巧，打开之前是这样的（如图 258），打开之后的胳膊会大大延长（图 259）。

我们可以让孩子先复制一个一模一样的，掌握这个创意技巧，然后引导孩子举一反三。

图 258

图 259

此时，我会跟芊说：“你能不能换一个别的东西，比如一只小熊，让它的胳膊变得长长的？”（如图 260）

图 260

芊进一步发挥，画了一只火烈鸟，她由“胳膊变长”的概念想到，翅膀也是可以变长的，而后又想到，小花的叶子也是可以变长的。（如图 261）

举一反三是帮孩子把别人的想法琢磨透，找到某个想法的核心和关键，再发散出更多点子，这样，其他人的创意就慢慢成为自己的储备。有了这些储备，才能组合出新的创意，而新组合出来的东西，体现的就是孩子的创造力。

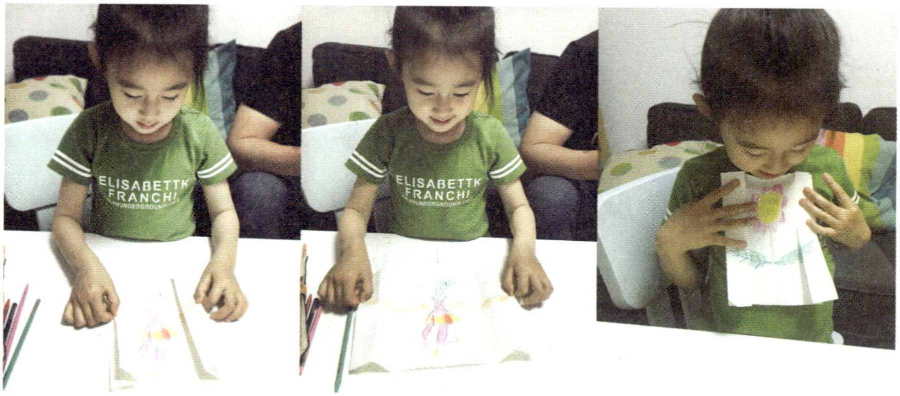

图 261

第 16 章

运动塑造大脑

运动是对大脑最好的改造

我每天会保证芊至少有 2 小时的运动时间。

芊从周一到周五每天早晨起来要运动 1 小时，冬天会缩短为半小时。晚上放学后，也有 1 小时的运动时间，从周一到周五分别穿插游泳、攀岩、街舞、骑马，周六和周日至少有一半时间要花在运动上。

芊 1 岁以前是个运动能力很差的孩子，别的孩子已经爬得很快了，她一步步爬得却很慢，别的孩子都能跑了，她还走不利落。

后来我开始带她体验各种运动项目。还记得她 1 岁时，我就带她玩过一次“激流勇进”，2 岁时和我去坐滑道、缆车，夏天天天泡在泳池里。上小学前，我们每天大部分的时间，包括每个周末，都用来户外玩耍。

虽然她小时候运动能力不强，但是胆子慢慢练了出来，所以任何运动项目她都敢挑战，不管玩得有多不好，都会认认真真按照自己的节奏去完成。

到了小学，她的运动能力有了大幅提升。二年级时考下了深水证，能在水中自由地翻跟头，能潜到泳池最底下用嘴叼上来一颗果子；攀岩时能在没有任何老师的指导下，自己一点点琢磨着去挑战，完成了中高级的赛道。

运动带来的直接好处就是她运动能力的增强和强健的身体，从小到大她很少生病。最关键的是，运动能塑造大脑。

运动促进学习能力的提升

有专家曾针对一所小学的学生进行调研。研究发现，运动能力强的孩子，阅读和数学能力会更强。

《运动改造大脑》这本书中提到一个案例：芝加哥内珀维尔高中推行“学习准备型体育课”，在上半学期结束时，学生的阅读理解能力提高了17%，平均成绩超过全州平均水准。而且，在TIMSS（注：TIMSS是聚集全世界优秀学生的一项考查数学和科学的考试。）统考中，内珀维尔高中的学生在这项测试中取得了科学世界第一、数学世界第六的成绩。

运动能让大脑处于最佳状态，这个结论有着坚实的神经科学理论支撑。《运动改造大脑》一书中涉及很多脑科学知识，我建议大家都去看看这本书。看完这本书，重视运动的家长会更加重视，不重视运动的家长也会马上让孩子运动起来。

从我自身的实践来看，可能暂时无法立刻从成绩上看出直观效果。我最近每天晚上在和芊进行写作游戏之前，都会让她先进行半小时的运动，在之后的写作游戏中，我通常能够感受到她文思如泉涌的状态。

运动改善记忆力

在权威科学期刊*PLOS ONE*的最新研究《运动对记忆的好处》中有这样一个实验：中国和意大利的研究人员招募了40名20岁左右想学习英语的大学生，将其分为两组，一组边运动边记单词，一组只是坐着记单词。

两个月后经过8次测试，那些边运动边记单词的大学生记忆效果都比坐着记单词的效果好。

意大利圣拉斐尔生命健康大学心理学和语言学教授苏尔皮齐奥说：“这个结果表明，学习期间的身体活动改善了学习成果，不仅能帮助记忆，还能加深语言学习者对新词汇的掌握程度。”

运动能增加孩子毛细血管的宽度，让血液流通得更顺畅，从而给各个器官提供更多的氧气和葡萄糖，大脑记住这些单词的效果自然会更好。

我曾经在带芊认字母时，把字母写在气球上，再把气球挂在高处，我念哪个字母就让孩子跳起来拍打哪个气球。这个方法也适用于背单词等。（如图 262）

图 262

需要注意的是，在运动中进行简单记忆类的认知学习，比不运动的效果要好，但是对于复杂学习，比如边运动边计算“33+58=？”，就不太适用，因为此时血液都从大脑前额叶皮层分流了出去，再应对复杂情况显然就不够用了。

运动让情绪更稳定

芊是个情绪波动很大的孩子，比较容易陷入负面情绪中。

小学二年级时，随着功课量急剧增加，每天下午回家后芊的状态都萎靡不振。那段时间我用了很多方法，比如，先看电视再写作业，或者先写作业再放松，但都收效甚微。

后来，我决定去掉她每天在学校的最后一节课外班（类似自习课），让爸爸带她去运动 1 小时。运动回来以后，我发现她精力变得更加旺盛，渐渐从一种萎靡的情绪中恢复过来，可以在 1 个半小时左右的时间内完成作业，而这期间她的专注度非常好。

有关运动对于缓解压力的作用，我在《动起来更聪明：运动改造大脑》这本书中看到过这样一段描述：

> 2004 年，南密西西比大学的研究人员约述亚·布罗曼福尔克斯对运动是否能减轻焦虑进行了测试。他找来 54 名患有焦虑症的大学生，发现这些每周锻炼不到一次的学生的焦虑得分都偏高。
>
> 他还做了一个试验来测试运动缓解焦虑的效果。他把一些久坐不动的受试者随机分成了两组，并且在两周内安排这两组进行了 6 次、每次 20 分钟的运动课。第一组在跑步机上进行最大心率约 60% ~ 90% 的高强度运动；第二组则以每小时 1.6 千米的速度在跑步机上行走，大致相当于最大心率的 50%。这两种运动都有助于减轻焦虑，让情绪更稳定，但结果显示，第一组在运动后对缓解焦虑更有效。

我们在带孩子运动时也可以选择一些高强度运动，比如跳绳、跑步、游泳等，以减轻孩子的焦虑。慢慢地，孩子的大脑会自动懂得，不好的事情只是一时的，只要找到适当的方式，人又会变得快乐起来。

万万不能忽视的技巧性运动

健身运动和技巧性运动结果大不同

技巧性运动很重要，我们先了解一个实验。

科学家通过实验发现，小白鼠经过健身运动和技巧性运动后会有不同的变化。这个结论来自伊利诺伊大学的脑科学家威廉·格瑞诺做过的一个实验。他把小白鼠分为两组，其中一组只参与跑步，而另外一组会学习一些有一定技巧的运动，比如让小白鼠学习如何在不稳定的东西上行走，或者爬有弹性的绳子。经过两周训练后格瑞诺发现，学习技巧性运动的小白鼠小脑内的脑源性神经营养因子增加了35%，而参与跑步的小白鼠小脑区域没有任何变化。

脑源性神经营养因子的增加，相当于为大脑输送了养料，而对它最敏感的细胞就位于与人类认知密切相关的海马区域。

将健身运动和技巧性运动的益处有机结合

技巧性运动，诸如孩子学习的跳舞动作、踢球技巧等，能让脑的全部神经细胞参与其中。

针对舞蹈演员的有关研究证明，与有规则的舞蹈节奏相比，不规则的舞蹈节奏更能提高大脑的可塑性。

那些毫无变化的有氧运动（比如跑步、跳绳），可以强身健体，除了对心肺功能有益外，对大脑的认知也有提高作用，只是不如技巧性运动提高得那么明显。

我们可以让孩子把有氧运动和技巧性运动结合起来，让二者通过互补而发生作用。

当孩子在进行技巧性运动时，大脑中的认知、协调、决策和预判等脑区也会同时被激活。也就是说，运动时，小脑要学会处理复杂的信息，以让身体和大脑协调配合来达成目标。这个过程中需要大脑不断地学习新的动作，学会以后，再开始挑战下一个动作。

练习：一卷胶带就能在家完成的技巧性运动

家长可以在家里用一卷胶带让孩子练习沿线走的技能，让孩子学习如何用大脑控制腿、脚、眼的协调，还要让整个身体保持平衡。同时处理这么多信息，对孩子的身体和大脑都是很好的锻炼。

可以用胶带贴出一条线，让孩子从线的一边跳到另一边，孩子需要提前预判胶带到脚之间的距离，才能成功跨越。(如图 263)

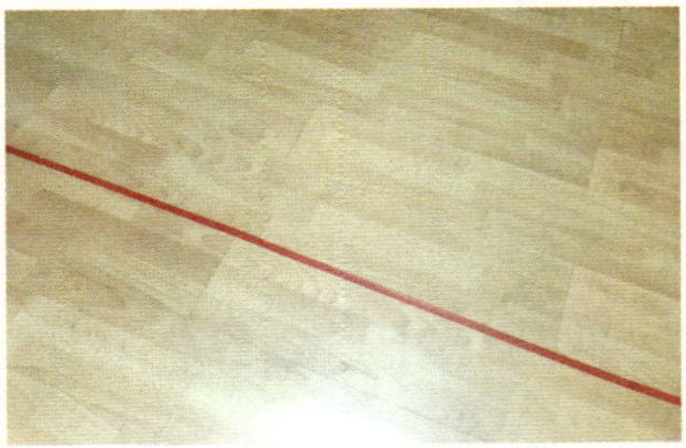

图 263

紧接着，可以让孩子背着身子跳。第一次跳的时候可能会踩到线，这是因为大脑还没有让两条腿很好地协调起来。下一次，孩子就会不断地向大脑发出信号，通过不断的试错、挑战、判断距离和力度，再一次进行学习。(如图 264)

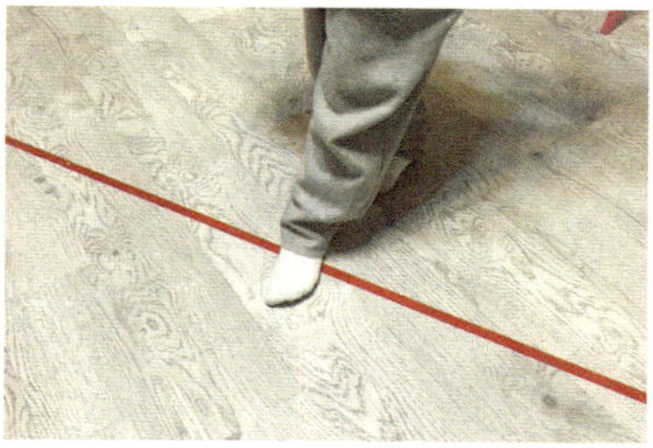

图 264

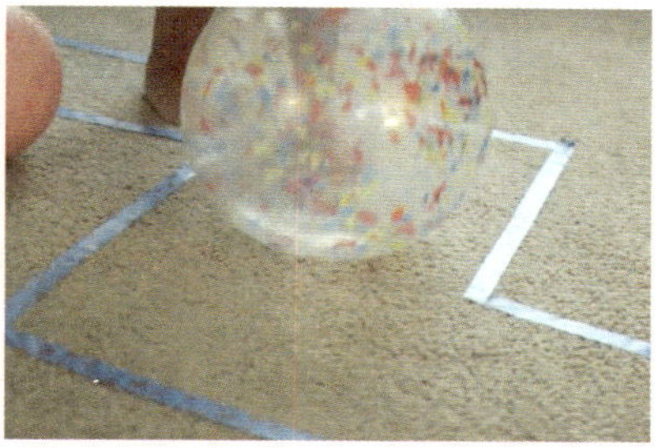

图 265

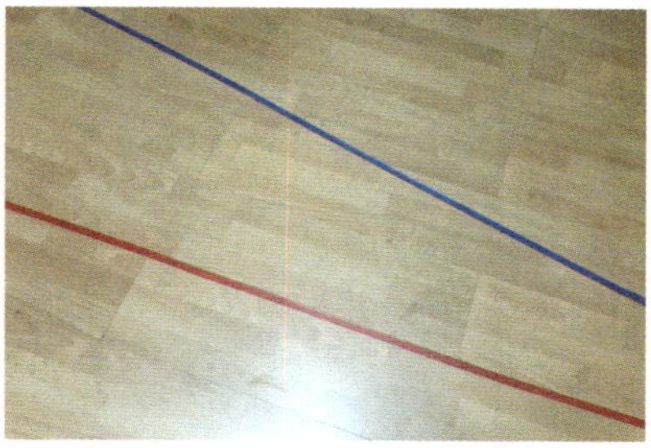

图 266

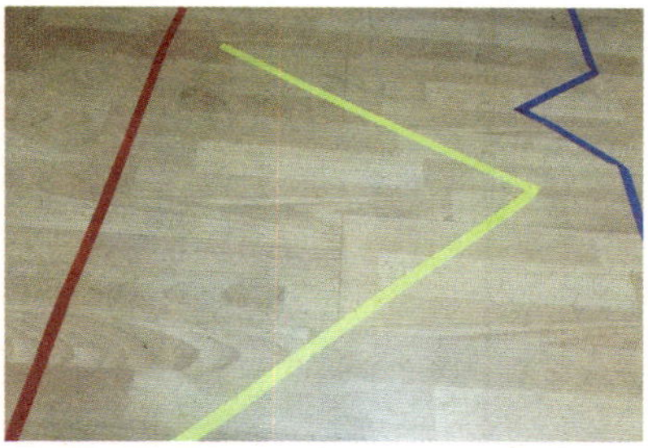

图 267

如果想增加难度，可以用胶带贴出一条小路，让孩子推着球沿着小路行走，不能出线。这次需要把手的动作也加入进来，需要协调的器官越多，大脑要处理的信息就越复杂。(如图 265)

还可以用两条胶带，一端贴成窄口，让孩子走，孩子越走越窄，可以练习双腿的协调能力。(如图 266)

练习过直线后，还可以将胶带贴成折线练习转弯。转弯时，身体也要跟着转动才能够成功，将“转弯”也就是折线设置得多一些，反复练习可以让大脑掌握转弯的技巧。(如图 267)

在走折线的时候，可以引导孩子双脚站立在其中一个点上，然后用其中一只脚伸向直线的另一端，这样可以起到伸展腿脚、舒展筋骨的作用。

除了练习走路，还可以让孩子做一些跳跃运动，比如在线的两侧来回跳，跳的时候孩子全身都可以得到锻

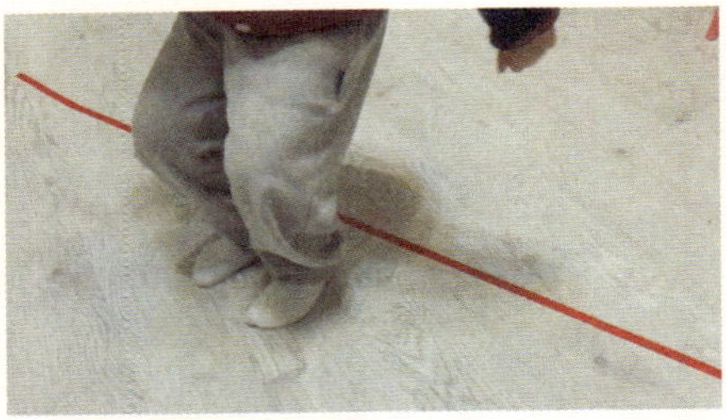

图 268

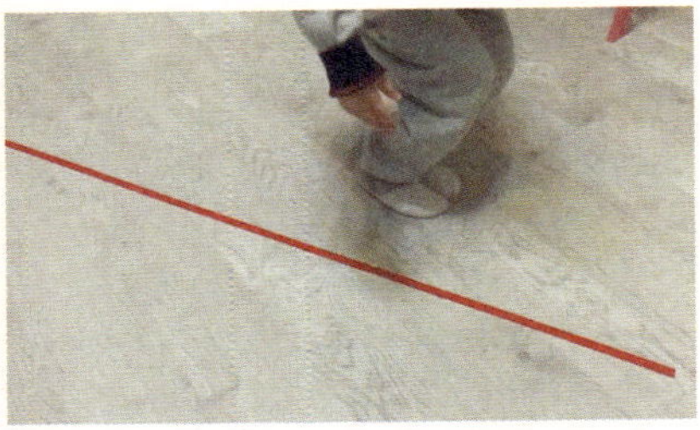

图 269

炼。比如，可以背着身子来回跳，或者侧着身子跳。（如图 268、269）

如果觉得跳线简单，就加点花样，贴几条直线在孩子前面，就像体育课上的立定跳远一样。先向距离最近的线跳，再向距离远的线跳，看看孩子最远能跳到哪里。（如图 270）

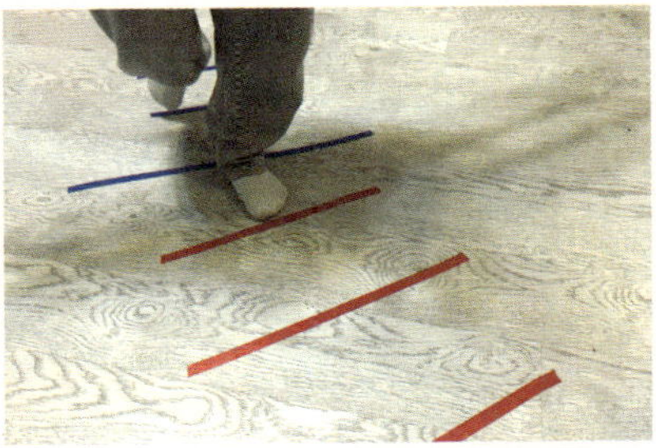

图 270

如果觉得立定跳远太过古板，可以换成活泼的单腿跳，即在两条线之间跳，练一练孩子的单腿支撑力。（如图 271）

图 271

腿部动作练习得差不多后，可以让孩子手脚并用，沿着直线向前爬。爬行的过程，也在锻炼孩子四肢的肌肉力量。（如图 272）

图 272

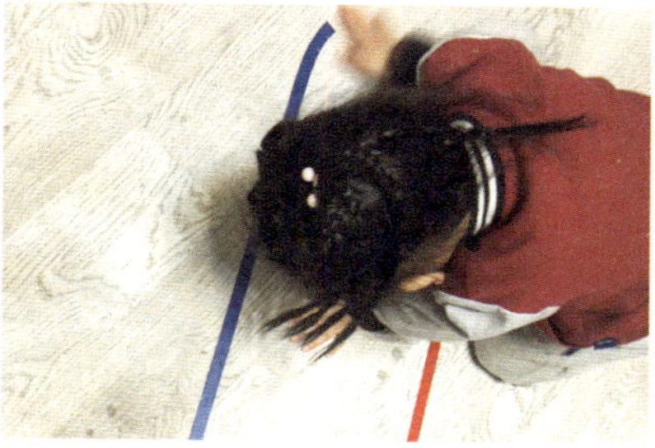

图 273

图 274

图 275

之后可以练习倒着爬，向前爬的时候，路线很容易看清，倒着爬的时候，就需要一边向后看，一边倒退。

也可以练习侧身爬。侧身爬时，支撑孩子的力量主要集中在手臂上，可以很好地锻炼孩子的手臂力量。(如图 273)

如果想更进一步伸展孩子的四肢，可以平行贴几条线，看看孩子的胳膊最远能伸到哪里。(如图 274)

前后舒展完，可以再练练劈叉，练习时，胶带的间距贴得不要太宽，跨度过大会伤到孩子的腿和筋。(如图 275)

总之，一卷胶带可以变换出多种玩法，让家长在家就能高效地带孩子进行技巧性运动的练习。

声　明

为读者更好地理解内容，本书中适当引用了绘本信息，如果您作为相关绘本的版权所有者认为本书不适宜引用您的作品，请务必及时联系，我们会尽力解决。

衷心感谢阅读本书的各位读者对本书的反馈和支持。